# AVALIAÇÃO DE POLÍTICAS EDUCACIONAIS EM DIFERENTES CONTEXTOS

Editora Appris Ltda.
1.ª Edição - Copyright© 2024 da autora
Direitos de Edição Reservados à Editora Appris Ltda.

Nenhuma parte desta obra poderá ser utilizada indevidamente, sem estar de acordo com a Lei n.º 9.610/98. Se incorreções forem encontradas, serão de exclusiva responsabilidade de seus organizadores. Foi realizado o Depósito Legal na Fundação Biblioteca Nacional, de acordo com as Leis nºs 10.994, de 14/12/2004, e 12.192, de 14/01/2010.

Catalogação na Fonte
Elaborado por: Dayanne Leal Souza
Bibliotecária CRB 9/2162

| | |
|---|---|
| A945a<br>2024 | Avaliação de políticas educacionais em diferentes contextos / Maria Lourdes Gisi (org.). – 1. ed. – Curitiba: Appris, 2024.<br>169 p. : il. color. ; 23 cm. – (Coleção Educação - Políticas e Debates).<br><br>Vários autores.<br>Inclui referências.<br>ISBN 978-65-250-6875-6<br><br>1. Avaliação. 2. Políticas educacionais. 3. Níveis educacionais. I. Gisi, Maria Lourdes (org.). II. Título. III. Série.<br><br>CDD – 370.111 |

Livro de acordo com a normalização técnica da ABNT

**Appris** editora

Editora e Livraria Appris Ltda.
Av. Manoel Ribas, 2265 – Mercês
Curitiba/PR – CEP: 80810-002
Tel. (41) 3156 - 4731
www.editoraappris.com.br

Printed in Brazil
Impresso no Brasil

Maria Lourdes Gisi (org.)

# AVALIAÇÃO DE POLÍTICAS EDUCACIONAIS EM DIFERENTES CONTEXTOS

Appris
editora

Curitiba, PR
2024

## FICHA TÉCNICA

| | |
|---|---|
| EDITORIAL | Augusto Coelho |
| | Sara C. de Andrade Coelho |
| COMITÊ EDITORIAL | Ana El Achkar (Universo/RJ) |
| | Andréa Barbosa Gouveia (UFPR) |
| | Antonio Evangelista de Souza Netto (PUC-SP) |
| | Belinda Cunha (UFPB) |
| | Délton Winter de Carvalho (FMP) |
| | Edson da Silva (UFVJM) |
| | Eliete Correia dos Santos (UEPB) |
| | Erineu Foerste (Ufes) |
| | Fabiano Santos (UERJ-IESP) |
| | Francinete Fernandes de Sousa (UEPB) |
| | Francisco Carlos Duarte (PUCPR) |
| | Francisco de Assis (Fiam-Faam-SP-Brasil) |
| | Gláucia Figueiredo (UNIPAMPA/ UDELAR) |
| | Jacques de Lima Ferreira (UNOESC) |
| | Jean Carlos Gonçalves (UFPR) |
| | José Wálter Nunes (UnB) |
| | Junia de Vilhena (PUC-RIO) |
| | Lucas Mesquita (UNILA) |
| | Márcia Gonçalves (Unitau) |
| | Maria Aparecida Barbosa (USP) |
| | Maria Margarida de Andrade (Umack) |
| | Marilda A. Behrens (PUCPR) |
| | Marília Andrade Torales Campos (UFPR) |
| | Marli Caetano |
| | Patrícia L. Torres (PUCPR) |
| | Paula Costa Mosca Macedo (UNIFESP) |
| | Ramon Blanco (UNILA) |
| | Roberta Ecleide Kelly (NEPE) |
| | Roque Ismael da Costa Güllich (UFFS) |
| | Sergio Gomes (UFRJ) |
| | Tiago Gagliano Pinto Alberto (PUCPR) |
| | Toni Reis (UP) |
| | Valdomiro de Oliveira (UFPR) |
| SUPERVISORA EDITORIAL | Renata C. Lopes |
| PRODUÇÃO EDITORIAL | Adrielli de Almeida |
| REVISÃO | Camila Dias |
| DIAGRAMAÇÃO | Andrezza Libel |
| CAPA | Carlos Pereira |
| REVISÃO DE PROVA | Daniela Nazario |

## COMITÊ CIENTÍFICO DA COLEÇÃO EDUCAÇÃO – POLÍTICAS E DEBATES

| | |
|---|---|
| DIREÇÃO CIENTÍFICA | Andréa Barbosa Gouveia |
| CONSULTORES | Amarildo Pinheiro Magalhães - IFPR |
| | Ângela Mara de Barros Lara - UEM |
| | Ângelo Ricardo de Souza - UFPR |
| | Cláudia Cristina Ferreira - UEL |
| | Dalva Valente - UFPA |
| | Denise Ismênia Grassano Ortenzi - UEL |
| | Edcleia Aparecida Basso - UNESPAR |
| | Fabricio Carvalho - UFPA |
| | Fernanda Coelho Liberali - PUC-SP |
| | Geovana Lunardi - UDESC |
| | Gilda Araujo - UFES |
| | Gladys Barreyro - USP |
| | Juca Gil - UFRGS |
| | Magna Soares - UFRN |
| | Marcia Jacomini - USP |
| | Marcos Alexandre Santos Ferraz - UFPR |
| | Maria Dilnéia Espíndola - UFMS |
| | Maria Vieira Silva - UFU |
| | Marisa Duarte - UFMG |
| | Nalu Farenzena - UFRGS |
| | Odair Luiz Nadin - UNESP |
| | Regina Cestari - UCDB |
| | Rosana Evangelista Cruz - UFPI |
| | Rosana Gemaque - UFPA |
| | Savana Diniz - UFMG |
| INTERNACIONAIS | Fernanda Saforcada – Universidade de Buenos Aires - Argentina |
| | Gabriela Vilariño – Universidade de Lujan - Argentina |
| | Jorge Alarcón Leiva – Universidade de Talca - Chile |
| | Rosa Serradas Duarte - Universidade Lusófona de Lisboa - Portugal |

# SUMÁRIO

**INTRODUÇÃO**.................................................................... 7
*Maria Lourdes Gisi*

**1**
**POLÍTICAS PÚBLICAS DE AVALIAÇÃO DA EDUCAÇÃO BÁSICA**............11
*Rosângela Boeno*
*Maria Lourdes Gisi*

**2**
**POLÍTICAS PÚBLICAS NA EDUCAÇÃO ESPECIAL: A ATUAÇÃO DOS CONSELHOS MUNICIPAIS**................................................ 41
*Maria Isabel Buccio*
*Marcia R. B. Godinho Lois*

**3**
**AVALIAÇÃO DO PROGRAMA DE COOPERAÇÃO INTERNACIONAL CAPES/COFECUB 2013-2022** ........................................................ 67
*Angela Mara Sugamosto Westphal*
*Helena Cristina Carneiro Cavalcanti De Albuquerque*

**4**
**AS DESIGUALDADES EDUCACIONAIS E A BASE NACIONAL COMUM CURRICULAR (BNCC)** ........................................................ 97
*Maria Lourdes Gisi*
*Leandro Aparecido do Prado*
*Juliana Gisi Martins de Almeida*
*Erika Ferreira Floriano*

**5**
**NOTAS SOBRE A EDUCAÇÃO EM DIREITOS HUMANOS**...................115
*Flávia Rubia Franziner*
*Diva Spezia Ranghetti*

**6
POLÍTICAS PÚBLICAS PARA A JUVENTUDE E O ACESSO À EDUCAÇÃO SUPERIOR** . . . . . . . . . . . . . . . . . . . . . . . . . . . . . . . . . . . . . . . . . . . . . . . . . . . . . . . . . . . .141
*Carlos Felipe Fischer*
*Maria Lourdes Gisi*

**SOBRE OS AUTORES**. . . . . . . . . . . . . . . . . . . . . . . . . . . . . . . . . . . . . . . . . . . . . . . . . . . . 165

# INTRODUÇÃO

*Maria Lourdes Gisi*

Com esta coletânea, adentramos o complexo universo das políticas educacionais contemporâneas, com foco na avaliação como elemento essencial de análise. Fundamentados em pesquisas conduzidas no Programa de Pós-Graduação em Educação da Pontifícia Universidade Católica do Paraná, nossos estudos oferecem uma abordagem contextualizada a diferentes níveis: educação básica, educação superior e pós-graduação.

Como tema de investigação, as políticas educacionais são um grande desafio, porque requerem um olhar contínuo sobre sua formulação, reformulação, implementação e avaliação, haja vista a estreita relação com o contexto econômico, social, político e cultural nacional e internacional. Sofrem, ainda, influências das agências multilaterais e de diversas organizações públicas e privadas do país. Por isso, debatemos também os limites de materialização das políticas em tela, que, em grande medida, estão à mercê de uma política neoliberal que não prioriza a proteção social, e com isso vemos agravada a já histórica falta de recursos para a área.

No Capítulo 1, Rosângela Boeno e Maria Lourdes Gisi destacam, do tema "Políticas públicas de avaliação da educação básica", as influências internacionais e a vinculação dessas políticas com o ideário neoliberal. Estas, que são fruto do embate de ideias de diversos segmentos sociais e dos governantes, recebem influência do contexto local, nacional e internacional, portanto representam o resultado de uma disputa ideológica entre os envolvidos nesse processo e expressam o produto do embate de ideias dos diversos grupos que participam da concepção, instituição e materialização das referidas políticas. Ao analisar a política de avaliação da educação básica, dizem, é imprescindível considerar a intrínseca relação que esta estabelece com o ideário neoliberal: uma lacuna presente nesse sistema de avaliação diz respeito às demais áreas do conhecimento, uma vez que conteúdos de outras disciplinas fundamentais para o desenvolvimento do aluno, como filosofia e sociologia, não compõem essas avaliações, gerando uma descaracterização curricular dos objetivos do ensino na educação básica, atingindo índices e, consequentemente, a apresentação de números para os organismos internacionais.

O capítulo sobre "Políticas públicas na educação especial: a atuação dos conselhos", de autoria de Maria Isabel Buccio e Marcia R. B. Godinho Lois, estuda a complexa relação entre Estado e sociedade, enfocando essas políticas em face da atuação dos Conselhos Municipal de Educação, de Direito das Pessoas com Deficiência e dos Conselhos Escolares em um município da região metropolitana de Curitiba. Sabe-se que as políticas públicas são resultado da relação de disputas entre Estado e sociedade, que se concretiza, entre outros, em espaços como os conselhos, lugar privilegiado para intervenção e controle social das ações do Estado.

Já com o tema "Avaliação do Programa de Cooperação Internacional Capes/Cofecub 2013-2022", Angela Mara Sugamosto Westphal e Helena Cristina Albuquerque Carneiro trazem a lume uma pesquisa cujo foco é mensurar do programa seus efeitos, no âmbito daquela cooperação conjunta e conforme os objetivos propostos a este. A pesquisa define métodos e conceitos gerais para sua avaliação, aplicados a produções acadêmicas e científicas desenvolvidas durante a vigência do projeto. A metodologia utilizada e a análise dos dados deram-se por meio do uso dos recursos da plataforma SciVAL, principalmente quanto ao "fator de impacto".

No capítulo de autoria de Maria Lourdes Gisi, Leandro Aparecido do Prado, Juliana Gisi Martins de Almeida e Erika Ferreira Floriano, o olhar recai sobre "As desigualdades educacionais e a Base Nacional Comum Curricular (BNCC)" à luz dos escritos de Pierre Bourdieu, em especial do conceito de capital cultural. Sabe-se que a BNCC aponta três aspectos da maior relevância na formação dos estudantes: aprendizagens essenciais (competências), superação da fragmentação curricular e educação integral. Mas como atingir tais propósitos? É o que debatem aqui.

Flávia Franziner e Diva Spezia Ranghetti, em "Notas sobre educação em Direitos Humanos", abordam uma temática sempre necessária quando se discutem políticas educacionais, isto é, os aspectos históricos e documentais relacionados à educação em Direitos Humanos: Declaração Universal dos Direitos Humanos; Constituição de 1988; Conferência Mundial sobre Ensino Superior de 2009; Programa Nacional de Direitos Humanos; Plano Nacional de Educação em Direitos Humanos; Programa Mundial para Educação em Direitos Humanos, entre outros. Sem ignorar as influências internacionais e analisando-se a legislação em vigor, é, assim, possível observar que a garantia da educação é uma responsabilidade precípua do Estado, além de ser um dos meios para a concretização de outros direitos fundamentais.

Carlos Felipe Fischer e Maria Lourdes Gisi, com o capítulo "Políticas públicas para a juventude e o acesso à educação superior", estudam o direito à educação superior dos jovens, este que ganha reforço com a aprovação do Estatuto da Juventude. Aqui o leitor verá que, apesar de o jovem ter sido contemplado constitucionalmente como sujeito de direitos, na prática a legislação educacional não tem apresentado mudanças significativas, nesse cenário, situação ilustrada por dados de um município localizado no Sul do Brasil: pouca oferta de vagas e dificuldades econômicas das famílias levam o jovem prematuramente ao mercado de trabalho, não possibilitando o seu deslocamento e a continuidade dos estudos.

Boa leitura!

# POLÍTICAS PÚBLICAS DE AVALIAÇÃO DA EDUCAÇÃO BÁSICA

*Rosângela Boeno*
*Maria Lourdes Gisi*

**Introdução**

A compreensão das políticas educacionais está intrinsecamente vinculada ao entendimento da "política", este termo anunciando uma variedade de significados que se manifestaram nas diversas etapas da história do Ocidente. Fazendo uma retrospectiva, desde o período clássico até a modernidade, da origem do termo, Bobbio, Matteucci e Pasquino esclarecem que este é

> [...] derivado do adjetivo originado de *pólis* (*politikós*), que significa tudo o que se refere à cidade e, conseqüentemente, o que é urbano, civil, público, e até mesmo sociável e social; [expandiu-se, no entanto, com a obra de Aristóteles, sendo] usado durante séculos para designar principalmente obras dedicadas ao estudo daquela esfera de atividades humanas que se refere de algum modo às coisas do Estado.

O termo consolidou-se no decorrer da história como uma alternativa vinculada à organização relacionada ao Estado.[1]. Neste texto, contudo, o que se discute são as políticas públicas, e estas só aparecem no século XX, conforme Tude, quando o Estado assume uma nova função, qual seja, de promoção do bem-estar social, que "requer do Estado uma atuação diferenciada e mais diretamente ligada aos problemas cotidianos da sociedade"[2]. Na metade do século passado, o termo "políticas públicas" aparece nos Estados Unidos enquanto disciplina acadêmica e área do conhecimento:

---

[1] BOBBIO, N.; MATTEUCCI, N.; PASQUINO, G. **Dicionário de política**. Brasília, DF: Editora Universidade de Brasília, 1998. p. 954.

[2] TUDE, J. M. Conceitos gerais de políticas públicas. *In*: TUDE, J. M.; FERRO, D.; SANTANA, F. P. (org.). **Políticas públicas**. Curitiba: Iesde Brasil, 2010. p. 11-34. p. 11.

A política pública enquanto área de conhecimento e disciplina acadêmica nasce nos EUA, rompendo ou pulando as etapas seguidas pela tradição europeia de estudos e pesquisas nessa área, que se concentravam, então, mais na análise sobre o Estado e suas instituições do que na produção dos governos. Assim, na Europa, a área de política pública vai surgir como um desdobramento dos trabalhos baseados em teorias explicativas sobre o papel do Estado e de uma das mais importantes instituições do Estado – o governo –, produtor, por excelência, de políticas públicas. Nos EUA, ao contrário, a área surge no mundo acadêmico sem estabelecer relações com as bases teóricas sobre o papel do Estado, passando direto para a ênfase nos estudos sobre a ação dos governos.[3]

Os estudos de Souza enriquecem essa discussão ao apresentarem quem são os "pais" fundadores da área de políticas públicas, isto é, H. Lasswell, H. Simon, C. Lindblom e D. Easton, e sintetizam as contribuições destes nesse campo: para Souza, as ideias de Lindblom e Easton trazem uma nova concepção de políticas públicas, as quais ultrapassam o racionalismo presente nas concepções de Lasswell e Simon, enfatizando a influência de outros fatores na determinação destas. Isto também se evidencia nos estudos de Boneti, quem enfatiza a influência da ideologia dos diversos grupos sociais:

> Parte-se do pressuposto de que o estudo das políticas públicas implica no entendimento da existência de complexidades teóricas, metodológicas, políticas e ideológicas e que se faz necessário, antes de tudo, associar políticas públicas à teoria de Estado e às dimensões de classe.[4]

Boneti traz à tona uma discussão de base epistemológica das políticas públicas, quando afirma que

> [...] o fundamento epistemológico clássico das políticas públicas se deu em torno da Razão[5] Moderna, tendo a técnica como parâmetro de referência de verdade, quando apresentavam-se como agentes definidores basicamente o meio produtivo e Estado. [...]

---

[3] SOUZA, C. Políticas públicas: uma revisão da literatura. **Sociologias**, Porto Alegre, ano 8, n. 16, p. 20-45, jul./dez. 2006. p. 21-22.

[4] BONETI, L. W. As políticas públicas no contexto do capitalismo globalizado: da razão moderna à insurgência de processos e agentes sociais novos. **Pracs**: Revista Eletrônica de Humanidades do Curso de Ciências Sociais da Unifap, Macapá, n. 5, p. 17-28, dez. 2012. p. 17.

[5] "Razão designava a busca de uma sociedade nova, [...] a busca de uma sociedade racional com base na cientificidade e a busca da superação do teologismo como método de explicação do real' (Boneti, 2012, p. 20).

> Entende-se por políticas públicas o resultado da dinâmica do jogo de forças que se estabelecem no âmbito das relações de poder, relações essas constituídas pelos grupos econômicos e políticos, classes sociais e demais organizações da sociedade civil. Tais relações determinam um conjunto de ações atribuídas à instituição estatal, que provocam o direcionamento (e/ou o redirecionamento) dos rumos de ações de intervenção administrativa do Estado na realidade social e/ou de investimentos. Nesse caso, pode-se dizer que o Estado se apresenta apenas como um agente repassador à sociedade civil das decisões saídas do âmbito da correlação de força travada entre os diversos segmentos sociais [...].[6]

O autor destaca ainda como as políticas públicas se apresentam na contemporaneidade:

> [...] destituiu-se o absolutismo da verdade técnica como parâmetro, apresentando-se ao lado do Estado e do meio produtivo novos agentes definidores de políticas públicas, trazendo ao debate novas lutas sociais como é o caso do resgate dos sujeitos e das identidades.[7]

Boneti refere-se aqui a novos movimentos, como Movimento dos Sem Terra (MST), no Brasil; e os globais propriamente ditos, como os movimentos gay, negro, ecológico ou feminista[8]. Nessa concepção, o Estado representa o agente formulador das políticas públicas e estas são resultantes do embate de forças que se travam entre os diversos grupos sociais. Nessa arena de disputas se expressam as relações de poder e as ideologias de cada grupo que participa da elaboração, discussão, implementação e implantação das políticas públicas. Portanto, as políticas públicas não são neutras; pois trazem em seu bojo os anseios da sociedade e/ou mesmo dos organismos multilaterais que sugerem pacotes de medidas a serem implementados nos países onde são firmados acordos financeiros, ou seja, os países em desenvolvimento.

Soares, no texto "Banco Mundial [BM]: políticas e reformas", faz uma análise da influência do Banco Mundial sobre os rumos do desenvolvimento mundial, adentrando a discussão da relação existente entre os financiamentos e a interferência deste e do Fundo Monetário Internacional

---

[6] BONETI, 2012, p. 27-28.
[7] *Ibidem*, p. 27.
[8] Ibidem.

(FMI) nas políticas e reformas dos países em desenvolvimento. Expõe que, devido à situação de crise e vulnerabilidade dos países devedores, os quais "passaram a depender quase que exclusivamente dos bancos multilaterais para receber recursos externos, já que os bancos privados interromperam seus empréstimos para esses países, após a moratória mexicana[9]", o BM começou a estabelecer várias condicionalidades para a concessão de novos empréstimos[10]. A autora complementa:

> Mediante essas condicionalidades, o Banco Mundial (tal como o FMI) passou a intervir diretamente na formulação da política interna e a influenciar a própria legislação dos países. Assim, a partir dos anos 80, mudou profundamente o caráter da relação entre o Banco Mundial e os países em desenvolvimento tomadores de empréstimos. Superando a tradicional influência que já exercia sobre as políticas setoriais dos países em desenvolvimento, o Banco Mundial passou a exercer amplo controle sobre o conjunto das políticas domésticas, sendo peça-chave no processo de reestruturação desses países ao longo dos últimos quinze anos.[11]

Diante do exposto, evidencia-se que as políticas públicas resultam das relações de poder que se estabelecem entre os agentes locais (no caso, o Estado), os diversos grupos sociais e os organismos internacionais. Portanto, aquelas estão intrinsecamente relacionadas com as questões econômicas, mais precisamente vinculadas aos grupos econômicos financiadores dos países em desenvolvimento.

> Pode-se então resumir o que seja política pública como o campo do conhecimento que busca, ao mesmo tempo, "colocar o governo em ação" e/ou analisar essa ação (variável independente) e, quando necessário, propor mudanças no rumo ou curso dessas ações (variável dependente). Em outras palavras, o processo de formulação de política pública é aquele através do qual os governos traduzem seus propósitos em programas e ações, que produzirão resultados ou mudanças desejadas no mundo real.[12]

---

[9] Crise da dívida externa ocorrida no México em 1982, a qual atingiu todos os países latino-americanos (FREITAS, L. C. **A reforma empresarial da educação**: nova direita, velhas ideias. São Paulo: Expressão Popular, 2018).

[10] SOARES, M. C. C. Banco Mundial: políticas e reformas. *In*: TOMMASI, L.; WARDE, M. J.; HADDAD, S. (org.). **O Banco Mundial e as políticas educacionais**. 3. ed. São Paulo: Cortez, 2000. p. 15-31.

[11] *Ibidem*, p. 21.

[12] SOUZA, 2006, p. 26.

Destarte, as políticas públicas são políticas que vêm ao encontro de necessidades sociais. Elas são fruto do embate de ideias de diversos segmentos sociais e dos governantes. Recebem influência do contexto local, nacional e internacional. Portanto, não são neutras, e representam o resultado de uma disputa ideológica entre os envolvidos nesse processo. Assim, embora tendo como premissa o atendimento das necessidades da sociedade, nem sempre conseguem atender aos anseios dos envolvidos, pois são o resultado de um jogo de forças ideológicas, políticas e econômicas que se materializa por meio das ações, dos programas e das legislações.

Dadas essas considerações e diante do escopo deste nosso capítulo, expressar o desejo por uma educação democrática significa querer "antes de tudo uma educação livre; isto é, *liberta dos poderes* que querem instrumentalizá-la e subjugá-la"[13]. No entanto, como vimos, sob o ideário neoliberal não podemos falar em educação democrática, pois esta fica subjugada aos ditames do mercado.

## Estado e políticas públicas

Ao tratar das políticas educacionais, é preciso compreender a relação que se estabelece entre estas e o Estado. Para tanto, optou-se por iniciar essa discussão trazendo a concepção de Estado defendida pelos clássicos Marx, Engels e Gramsci, além de autores como Boneti.

A concepção de Estado em Marx e Engels apresenta-se claramente na obra *A ideologia alemã*, a qual marca o nascimento do materialismo histórico e dialético. Na parte introdutória desta obra, Gorender afirma:

> Pela primeira vez na história das ideias políticas, o Estado deixou de ser conceituado como entidade representativa dos interesses gerais e comuns da sociedade. Marx e Engels indicaram a vinculação do Estado aos interesses de determinada classe social, isto é, aos interesses da classe dominante.
> Com a divisão do trabalho dá-se uma separação entre o interesse particular e o interesse comum. Os atos próprios dos indivíduos se erguem diante deles como poder alheio e hostil, que os subjuga. O interesse comum se erige encarnado no Estado. Autonomizado e separado

---

[13] LAVAL, C.; VERGNE, F. **Educação democrática**: a revolução escolar iminente. Petrópolis: Vozes, 2023. p. 33, grifo nosso.

> dos reais interesses particulares e coletivos, o Estado se impõe na condição de comunidade dos homens, mas é uma comunidade ilusória, pois o Estado, por baixo das aparências ideológicas de que necessariamente se reveste, está sempre vinculado à classe dominante e constitui o seu órgão de dominação. Por consequência, as lutas de classe, que dilaceram a sociedade civil, devem tomar a forma de lutas políticas. De lutas travadas sobre o terreno do Estado enquanto poder geral e representante superior da própria sociedade civil.[14]

Fica evidente aqui que a visão de Estado para Marx surge da propriedade privada, que, na sua concepção, causa a desigualdade entre as classes sociais, e Estado nesse contexto assume a função de manter a dominação de uma classe sobre a outra: a exploração da classe dominante sobre as classes sociais menos favorecidas (no sentido econômico e político). Portanto, representa um mecanismo de opressão.

Para elucidar melhor a compreensão de Estado para Marx e Engels, é importante destacar como esses pensadores entendem a relação que se estabelece entre Estado e sociedade civil[15]:

> A sociedade civil compreende o conjunto das relações materiais dos indivíduos dentro de um estágio determinado de desenvolvimento das forças produtivas. Compreende o conjunto da vida comercial e industrial de um estágio e ultrapassa, por isso mesmo o Estado e a nação, embora deva, por outro lado, afirmar-se no exterior como nacionalidade e organizar-se no interior como Estado.[16]

No que diz respeito à relação entre sociedade civil e Estado, Gorender mostra como Marx e Engels compreendem essa relação. Para estes autores, a sociedade civil é quem cria o Estado, e não o contrário, como defendia Hegel; ela representaria "o verdadeiro lar

---

[14] GORENDER, J. Introdução: o nascimento do materialismo histórico. *In*: MARX, K.; ENGELS, F. **A ideologia alemã**. Tradução de Luis Claudio de Castro e Costa. 3. ed. São Paulo: Martins Fontes, 2001. p. VII-XL. p. XXX-XXXI.

[15] "O termo sociedade civil apareceu no século XVIII, quando as relações de propriedade se desligaram da comunidade antiga e medieval. [...] se desenvolve com a burguesia; entretanto, a organização social resultante diretamente da produção e do comércio, e que constitui em qualquer tempo a base do Estado e do restante da superestrutura idealista, tem sido constantemente designada por esse mesmo nome" (MARX, K.; ENGELS, F. **A ideologia alemã**. Introdução de Jacob Gorender. Tradução de Luis Claudio de Castro e Costa. 3. ed. São Paulo: Martins Fontes, 2001. p. 34).

[16] MARX; ENGELS, 2001. p. 33.

e cenário da história", portanto "Abarca todo o intercâmbio material entre os indivíduos numa determinada fase do desenvolvimento das forças produtivas"[17]. Para não se dissolver em razão das contradições de classe, a sociedade civil precisaria ainda sintetizar-se no Estado e apresentar-se como este, "enquanto ilusão de um interesse comum sobreposto às contradições de classe e capaz de encobrir a dominação de uma classe sobre as outras"[18]. Desse modo, Gorender explica como o poder delegado pelas pessoas ao Estado adquire uma conotação de força que não pertence a estas:

> A força multiplicada decorrente da cooperação entre os homens gera um poder social que adquire a forma do Estado e aparece a estes homens não como poder deles próprios, porém, como poder alienado, à margem dos homens e fora do alcance do seu controle.[19]

Aqui fica evidente que, embora se tenha aparentemente uma união entre sociedade e Estado, na prática o poder não se dilui na mesma proporção entre as classes, mas fica sob o domínio da classe dominante, "disfarçada" no Estado. Apesar de este, teoricamente, contemplar todas as classes sociais, na prática representa o poder da classe dominante e, portanto, mais favorecida política e economicamente. Destarte, para Marx Engels Estado resulta da contradição presente nas relações de produção, deriva das relações de poder travadas entre os diversos segmentos sociais, representando um instrumento a serviço da classe dominante.

Para uma comparação entre a concepção de Estado para Marx e para Gramsci, as contribuições de Montaño e Duriguetto são fundamentais:

> As distinções na produção de Gramsci em relação a Marx estão longe de significar uma ruptura com seu mestre, mas justamente o contrário, há manutenção da "ortodoxia" (que não se confunde com "dogmatismo") marxista que, conforme Lukács, radica na fidelidade com o método, de captar da realidade as (novas) determinações.[20]

---

[17] GORENDER, 2001, p. XXXI.
[18] *Ibidem*, p. XXXI.
[19] *Ibidem*, p. XXXI.
[20] MONTAÑO, C.; DURIGUETTO, M. L. **Estado, classe e movimento social**. São Paulo: Cortez, 2010. (Biblioteca básica do serviço social; v. 5). p. 43.

Coutinho[21] assegura que a sociedade civil, para Gramsci, representa um momento do Estado, ou seja, "o conceito de sociedade civil é precisamente o meio privilegiado através do qual Gramsci enriquece, com novas determinações, a teoria marxista do Estado".

Já Montaño e Duriguetto[22] afirmam que Gramsci se refere ao conceito de Estado ampliado, que envolve a sociedade política e a sociedade civil. O Estado ampliado incorpora outras funções, incluindo as lutas de classes, "preservando a função de coerção (sociedade política) tal como descoberta por Marx e Engels, também incorpora a esfera da sociedade civil (cuja função é o consenso)":

> O conceito de sociedade civil em Gramsci pertence, assim, ao momento da superestrutura (o Estado), diferentemente da formulação marxiana, que emprega a expressão sociedade civil para designar a infraestrutura econômica. Não obstante, a alteração efetuada por Gramsci, não implica a negação da centralidade descoberta por Marx da base material como fator ontológico primário da socialidade.[23]

Destarte, a base da teoria gramsciana é Marx, no entanto isso não representa que esses autores apresentem a mesma definição de sociedade civil e de Estado: Marx defende que o Estado resulta das relações de produção, ou seja, representa a dominação e exploração dos sujeitos, a dominação de uma classe sobre a outra; já Gramsci traz à tona o conceito de Estado ampliado, que envolve sociedade civil e política, e inclui a luta de classes. Então, para Marx, a sociedade civil diz respeito às relações econômicas e a sociedade política diz respeito ao aparelho estatal; e Gramsci faz uma ampliação da análise marxista de Estado[24].

Dessa maneira, apoiando-se nos estudos de Gramsci, Montaño e Duriguetto[25], referindo-se ao Estado ampliado, asseguram que Gramsci inclui nesta noção elementos comuns à sociedade civil, de modo que Estado representaria aqui uma junção da sociedade política com a sociedade civil. Daí também aparecerem em Gramsci as categorias de hegemonia e bloco histórico.

---

[21] COUTINHO, C. N. **Intervenções**: o marxismo na batalha das ideias. São Paulo: Cortez, 2006.
[22] MONTAÑO; DURIGUETTO, 2010, p. 44.
[23] *Ibidem*, p. 43-44.
[24] VASCONCELOS, K. E. L.; SILVA, M. C. S.; SCHMALLER, V. P. V. (Re) visitando Gramsci: considerações sobre o Estado e o poder. **Revista Katálysis**, Florianópolis, v. 16, n. 1, p. 82-90, jan./jun. 2013.
[25] MONTAÑO; DURIGUETTO, 2010.

No que se refere ao bloco histórico, é fundamental a definição do autor:

> A estrutura e as superestruturas formam um "bloco histórico", isto é, o conjunto complexo e contraditório das superestruturas e o reflexo do conjunto das relações sociais de produção.[26]

Portanto, ao se considerar "bloco histórico" um conceito fundamental da teoria marxista e categoria que abrange as relações que se mantêm entre estrutura e superestrutura, entre questões materiais e ideologias, é necessário situá-lo na associação que se estabelece entre a sociedade civil e a sociedade política.

No que diz respeito à superestrutura e à hegemonia, segue-se o posicionamento de Gramsci:

> [...] podem-se fixar dois grandes "planos" superestruturais: o que pode ser chamado de "sociedade civil" (isto é, o conjunto de organismos designados vulgarmente como "privados") e o da "sociedade política ou Estado", planos que correspondem, respectivamente, à função de "hegemonia" que o grupo dominante exerce em toda a sociedade e àquela de "domínio direto" ou de comando, que se expressa no Estado e no governo "jurídico". Estas funções são precisamente organizativas e conectivas.[27]

Gramsci não concebe o Estado apenas como um agente coercitivo, trazendo à tona a importância do consenso; assim, o Estado é concebido como uma organização que recebe influência das diversas classes sociais que integram a sociedade.

Também é importante trazer à discussão a concepção de Estado para Ianni, sendo esta resultante do jogo de forças que se estabelece entre as classes sociais:

> [...] o Estado resulta das relações de classes sociais. Ao constituir-se, adquire certos contornos e individualidade, para que possa existir. Já que se trata de mediação entre classes hierarquizadas, ele ganha vinculações mais ou menos estreitas com a classe dominante. Constitui-se nessas relações como órgão da classe dirigente. Mas não perde nunca o seu

---

[26] GRAMSCI, A. **Cadernos do cárcere**. Edição e tradução de Carlos Nelson Coutinho. Coedição de Luiz Sérgio Henriques e Marco Aurélio Nogueira. Rio de Janeiro: Editora Civilização Brasileira, 1999. v. 1. p. 250.

[27] *Idem*. **Cadernos do cárcere**. Edição e tradução de Carlos Nelson Coutinho. Coedição de Luiz Sérgio Henriques e Marco Aurélio Nogueira. 2. ed. Rio de Janeiro: Civilização Brasileira, 2001. v. 2. p. 20-21.

caráter de produto das relações de classes antagônicas. Por isso é que não pode ser reduzido à condição de instrumento puro e simples da classe dominante.[28]

Outro autor que analisa, com muita propriedade, como se constituem as políticas educacionais e a relação entre estas e o Estado é Boneti, para quem "o Estado se apresenta apenas como um agente repassador à sociedade civil das decisões do âmbito da correlação de força travada entre os diversos segmentos sociais"[29].

Adota-se neste estudo, no entanto, a tese defendida por Ianni, ou seja, de que o Estado, nesse contexto, decorre de uma luta que se trava entre as diversas classes sociais, portanto resulta de um jogo de forças que se estabelece entre elas.

Assim, à luz da compreensão de Estado interposta pelos autores anteriormente citados, é preciso analisar as relações que estabelece com as políticas educacionais, assunto que será discorrido no tópico seguinte.

## Estado e políticas educacionais

O Estado influencia diretamente a formulação, condução e operacionalização das políticas públicas. Assim sendo, essas políticas, entre elas as educacionais, expressam o resultado do embate de ideias dos diversos grupos que participam da concepção, instituição e materialização das referidas políticas, inclusive dos organismos internacionais.

Boneti, apoiando-se nos estudos de Poulantzas, assegura:

> [...] não é possível se construir uma análise da complexidade que envolve a elaboração e operacionalização das políticas públicas sem se levar em consideração a existência da relação intrínseca entre o Estado e as classes sociais, em particular entre o Estado e a classe dominante.[30]

Em relação aos interesses das elites econômicas e à participação dos grupos internacionais nesse contexto, Boneti assim se manifesta:

> [...] entende-se que existe uma estreita afinidade entre os projetos do Estado (as políticas públicas) e os interesses das elites econômicas. Mesmo que no plano local (nacional

---

[28] IANNI, O. **Estado e capitalismo**. São Paulo: Editora Brasiliense, 1989. p. 117-118.
[29] BONETI, 2012, p. 28.
[30] Idem. **Políticas públicas por dentro**. 3. ed. Ijuí: Ed. Unijuí, 2011.

e estadual) exista uma correlação de forças políticas na definição das políticas públicas, envolvendo os movimentos sociais e demais organizações da sociedade civil, a definição das políticas públicas é condicionada aos interesses das elites globais por força da determinação das amarras econômicas próprias do modo de produção capitalista. Isso significa afirmar que ao se falar da relação entre o Estado e as classes sociais, entra-se obrigatoriamente na questão dos agentes definidores das políticas públicas, os que não são apenas nacionais.[31]

No que concerne às elites globalizadas, Boneti garante que esses interesses se manifestam nas políticas de expansão das relações capitalistas mundiais via

> [...] instituições como o Fundo Monetário Internacional (FMI), Organização Mundial do Comércio (OMC), ou pelo próprio poder de força que têm os grupos econômicos mundiais de impor as regras que lhes interessam.

Todavia, o autor explica que esses "interesses podem ser questionados por agentes nacionais, estaduais ou locais, constituindo-se, assim, uma correlação de forças que influenciam no processo de elaboração e aplicabilidade das políticas públicas"[32].

Ainda em relação à influência dos organismos multilaterais, mais precisamente do Banco Mundial[33], no que se refere às políticas educacionais, bem como à participação de outros atores, Coraggio salienta:

> É comum ouvir que o Banco Mundial vem impondo políticas homogêneas para a educação, não apenas na região, mas em todo o mundo. Esta tese é plausível: as declarações do próprio Banco Mundial, a simultaneidade com que vêm sendo empreendidas as reformas educativas nos distintos países e a homogeneidade discursiva que as envolve

---

[31] *Ibidem*, p. 14.
[32] *Ibidem*, p. 14.
[33] "Surgido no pós-guerra, o Banco Mundial é um organismo multilateral de financiamento que conta com 176 países mutuários, inclusive o Brasil. Entretanto, são cinco os países que definem suas políticas: EUA, Japão, Alemanha, França e Reino Unido. Esses países participam com 38,2% dos recursos do Banco. Entre eles, os EUA detêm em torno de 20% dos recursos gerais e o Brasil aproximadamente 1,7%. A liderança norte-americana se concretiza também com a ocupação da presidência e pelo poder de veto que possui. Na verdade, o Banco Mundial tem sido auxiliar da política externa americana" (SHIROMA, E. O.; MORAES, M. C. M.; EVANGELISTA, O. **Política educacional**. 4. ed. Rio de Janeiro: Lamparina, 2007. p. 61).

parecem confirmá-la. Ao mesmo tempo, porém, há sinais de que outros atores também estão operando ativamente e são co-responsáveis pelo resultado.[34]

Faz-se necessário considerar que, no contexto do capitalismo, essas políticas educacionais integram as políticas neoliberais. Elas "são reflexos da contradição própria do ajuste neoliberal que tem norteado a educação latino-americana e brasileira, especialmente após o chamado Consenso de Washington[35] (1989)"[36].

A base do neoliberalismo é o liberalismo clássico do século XVIII, mais especificamente o liberalismo econômico.

> No Neoliberalismo, ainda muito mais do que o Liberalismo Clássico, o individualismo, o empreendedorismo e o economicismo são supervalorizados e difundidos, o que, por sua vez gera o esvaziamento do valor social das coisas.[37]

Um marco importantíssimo das políticas educacionais neoliberais foi a Conferência Mundial de Educação para Todos[38], ocorrida em 1990, na Tailândia. Essa conferência foi financiada pelas seguintes entidades: Organização das Nações Unidas para a Educação, a Ciência e a Cultura (Unesco), Fundo das Nações Unidas para a Infância (Unicef), Programa das Nações Unidas para o Desenvolvimento (Pnud) e Banco Mundial[39].

> Dela participaram governos, agências internacionais, ONGs, associações profissionais e personalidades destacadas no plano educacional em todo o mundo. Os 155 governos que

---

[34] CORAGGIO, J. L. Proposta do Banco Mundial para a educação: sentido oculto ou problemas de concepção? *In*: TOMMASI, L.; WARDE, M. J.; HADDAD, S. (org.). **O Banco Mundial e as políticas educacionais**. 3. ed. São Paulo: Cortez, 2000. p. 75-124. p. 76.

[35] "Conjunto de medidas de caráter neoliberal destinadas a promover uma política de ajuste na América Latina tendo à frente organismos financeiros internacionais, especialmente o Banco Mundial, o FMI e o Departamento do Tesouro dos Estados Unidos" (COSMO, C. C.; FERNANDES, S. A. S. **Neoliberalismo e educação**: lógicas e contradições. Trabalho apresentado ao Seminário Nacional de Estudos e Pesquisas, 8., "História, sociedade e educação no Brasil: história, educação e transformação: tendências e perspectivas", 30 de junho a 3 de julho de 2009, Unicamp, Campinas. p. 11).

[36] COSMO; FERNANDES, 2009, p. 2.

[37] *Ibidem*, p. 3.

[38] "Esse evento foi o marco a partir do qual os nove países com maior taxa de analfabetismo do mundo (Bangladesch, Brasil, China, Egito, Índia, Indonésia, México, Nigéria e Paquistão), conhecidos como 'E 9', foram levados a desencadear ações para a consolidação dos princípios acordados na declaração de Jomtien. Seus governos comprometeram-se a impulsionar políticas educativas articuladas a partir do Fórum Consultivo Internacional para a 'Educação para Todos' (Education for All – EFA), coordenado pela UNESCO que, ao longo da década de 1990, realizou reuniões regionais e globais de natureza avaliativa" (Shiroma; Moraes; Evangelista, 2007, p. 48).

[39] SHIROMA; MORAES; EVANGELISTA, 2007.

subscreveram a declaração ali aprovada comprometeram-se a assegurar uma *educação básica de qualidade* a crianças, jovens e adultos.[40]

Destarte, vinculada a essa proposta neoliberal, a educação assume os moldes empresariais, portanto a ideia de mercado permeia as reformas e propostas educacionais de diversos países, entre eles o Brasil, cujo ideário neoliberal se consolida a partir da década de 90 do século XX, o que será mais bem delimitado no tópico referente às políticas para a educação básica.

Sobre isto, Silva explica:

> A chamada Gestão da Qualidade Total (GQT) em educação é uma demonstração de que a estratégia neoliberal não se contentará em orientar a educação institucionalizada para as necessidades da indústria nem em organizar a educação em forma de mercado, mas que tentará reorganizar o próprio interior da educação, isto é, as escolas e as salas de aula, de acordo com esquemas de organização do processo de trabalho.[41]

Silva assegura que, apesar de haver um discurso de participação dos clientes, há, na verdade, "definição dos objetivos e métodos educacionais a partir das necessidades e desejos dos 'consumidores', dando uma ilusão de democracia, escolha e participação"[42]. Nesse contexto, o que se verifica é que a proposta neoliberal é engessada de tal forma que acaba impedindo que se pensem as questões educacionais de outra maneira. Para o autor, escolher envolveria a própria renúncia à noção neoliberal de educação.

É nessa dinâmica do neoliberalismo na educação que se apresenta a política do "Estado mínimo" e do "Estado máximo". O Estado torna-se mínimo na medida que se exime de suas responsabilidades e repassa à sociedade responsabilidades que seriam suas; e torna-se máximo quando fica no controle e determina a execução dessas políticas. Exemplos daquele tipo de política se manifestam nas próprias avaliações de desempenho; na criação dos Parâmetros Curriculares Nacionais (PCN), na Base Nacional Comum Curricular (BNCC), na Reforma do Ensino Médio e na própria descentralização dos recursos aos estados, aos municípios e às próprias escolas.

---

[40] *Ibidem*, p. 48.
[41] SILVA, T. T. A "nova" direita e as transformações na pedagogia da política e na política da pedagogia. *In*: GENTILI, P. A. A.; SILVA, T. T. **Neoliberalismo, qualidade total e educação**. 7. ed. Petrópolis: Vozes, 1999. p. 9-30. p. 20.
[42] *Ibidem*, p. 21.

Note que, apesar de essa descentralização de recursos, por um lado, ser positiva, no sentido de que os agentes locais podem gerenciá-los, por outro representa uma forma de o Estado se isentar de suas responsabilidades, uma vez que repassa uma certa quantia aos entes federados ou às escolas e estes têm a responsabilidade de administrar esses recursos, os quais geralmente são insuficientes para atender às demandas educacionais. É aí que entra a participação da sociedade e dos pais, por meio das Associações de Pais, Mestres e Funcionários (APMFs), as quais acabam fazendo promoções para angariar fundos e complementar os recursos repassados pelo governo. Esse Estado mínimo se manifesta ainda nos projetos e programas de incentivo à participação dos pais e da sociedade nas atividades escolares, tais como Dia da Família na Escola, Todos pela Educação, entre outros.

Em relação às avaliações de desempenho, historicamente podem-se citar as avaliações dos alunos da educação básica, tais como Prova Brasil, Avaliação Nacional da Alfabetização (ANA), Provinha Brasil, entre outras, cujo conteúdo atende às proposições dos Parâmetros Curriculares Nacionais. No entanto, e não obstante o discurso oficial de que os PCNs seriam "apenas" parâmetros e que cada estado ou município teria a liberdade de criar seus próprios currículos, na prática acontece o contrário: as próprias avaliações de desempenho são compostas por atividades que atendem à proposta dos parâmetros, ou seja, as escolas, de certa maneira, sentem-se na obrigação de trabalhar de acordo com essa proposta, uma vez que as avaliações dos alunos são construídas nesses moldes.

Nesse mesmo direcionamento, pode-se afirmar que a Base Nacional Comum Curricular e a Reforma do Ensino Médio também estão a serviço dessa política do capital, uma vez que reduzem os conteúdos sistematizados e os atrelam às avaliações. Veja o caso da Resolução 2, de 22 de dezembro de 2017, do Conselho Nacional de Educação, a qual institui e orienta a implantação da BNCC em âmbito nacional, cujo Art. 16 determina: "Em relação à Educação Básica, as matrizes de referência das avaliações e dos exames em larga escala devem ser alinhadas à BNCC, no prazo de 1(um) ano a partir da sua publicação"[43]. Freitas comenta:

> Como é típico da reforma empresarial, essas ações, aparentemente sem relação, se articulam em uma engenharia de "alinhamento" (bases/ensino/avaliação/responsabilização), eliminando a diversidade e deixando pouco espaço para

---
[43] BRASIL. Ministério da Educação. Conselho Nacional de Educação. **Resolução CNE/CP n.º 2, de 22 de dezembro de 2017**. Institui e orienta a implantação da Base Nacional Comum Curricular. Brasília, DF: CNP, 2017.

a escola ou para o magistério criar, sendo sufocado por assessorias, testes, plataformas de ensino online e manuais igualmente desenvolvido e padronizados a partir das bases nacionais comuns.[44]

Vale ressaltar que ocorreram mudanças no Sistema de Avaliação da Educação Básica (Saeb), e as siglas de Avaliação Nacional da Educação Básica (Aneb), Avaliação Nacional da Educação do Rendimento Escolar (Anresc), ANA e Prova Brasil, desde a edição de 2019, caíram em desuso: a referência é apenas o Saeb[45]. Nesse sentido, essas políticas avaliativas contribuem com a política do Estado máximo, no qual o Estado é controlador. Ele organiza as avaliações padronizadas para todo o país, sem considerar as especificidades de cada região, e cria indicadores para medir a qualidade do ensino tendo como base essas avaliações. Sobre essa política, as contribuições de Cosmo e Fernandes são importantes:

> Em tempos de neoliberalismo, o que se vê é um Estado mínimo, no que concerne à gestão dos recursos, ou seja, na geração e distribuição financeiro-administrativa. Por outro lado, este mesmo Estado mínimo cumpre o papel de agente regulador e controlador, contribuindo diretamente para a manutenção da desigualdade social por meio da manutenção dos privilégios da elite e do atendimento assistencialista às massas – o que as aprisiona aos governos neoliberais. Portanto, o papel do Estado é, de um lado, o da desregulamentação e, de outro, o da regulamentação.[46]

Oliveira[47], ao se referir à descentralização, afirma que ela "veio como um mecanismo de distribuição de poder e responsabilidades, uma visão simplista, que busca possibilitar e estimular soluções regionais/locais para problemas nacionais". Argumenta que, devido à diversidade dos 5.560 municípios brasileiros,

> [...] a capacidade de respostas e de gestão das políticas no nível de implementação local, tende a reforçar a desigualdade e a discriminação, criando novos desequilíbrios ou reforçando os já existentes.

---

[44] FREITAS, 2018, p. 81.
[45] INSTITUTO NACIONAL DE ESTUDOS E PESQUISAS EDUCACIONAIS ANÍSIO TEIXEIRA (INEP). **BNCC:** exames e avaliação da educação básica. Trabalho apresentado ao Congresso Nacional de Avaliação em Educação, 5., dezembro de 2018, Bauru.
[46] COSMO; FERNANDES, 2009, p. 7.
[47] OLIVEIRA, D. A. Gestão das políticas públicas educacionais: ação pública, governança e regulação. *In*: OLIVEIRA, D. A. *et al.* **Políticas e gestão da educação no Brasil**: novos marcos regulatórios. São Paulo: Xamã, 2009. p. 15-29. p. 23.

Desse modo, a política educacional para a América Latina, incluindo o Brasil, consolida-se como uma proposta do capital. Portanto, uma proposta neoliberal, visando à redução de custos na educação e a apresentação de indicadores educacionais aos organismos internacionais financiadores da educação brasileira. Como bem explica Laval,

> O novo modelo escolar e educacional que tende a se impor se baseia, em primeiro lugar, em uma sujeição mais direta da escola à razão econômica. [nesta perspectiva] a escola em particular só tem sentido com base no serviço que deve prestar às empresas e à economia.[48]

Assim, analisar as políticas educacionais requer compreendê-las a partir da sua intencionalidade em garantir o direito à educação e, também procurar entender como este direito é considerado na relação do Estado com a sociedade civil[49].

## Política de avaliação da educação básica: nível nacional

Ao analisar a política de avaliação da educação básica, é imprescindível considerar a intrínseca relação que esta estabelece com o ideário neoliberal[50]. As avaliações de desempenho dos discentes trazem em seu bojo uma concepção de competição, concorrência, bem como um discurso de qualidade. No entanto, essa defesa da qualidade muitas vezes está estritamente vinculada à quantidade, ou seja, às notas obtidas por meio das avaliações de desempenho. Estas representam, nesse contexto, uma tentativa de aproximação das questões educacionais com a mercadológica. Sobre isso Gentili explica:

> [...] leva-se a cabo uma não menos poderosa estratégia centralizadora, fundada: a) no desenvolvimento de programas nacionais de avaliação dos sistemas educacionais altamente centralizados em seu planejamento e imple-

---

[48] LAVAL, C. **A escola não é uma empresa**: o neoliberalismo em ataque ao ensino público. São Paulo: Boitempo, 2019. p. 29.

[49] GISI, M. L. Políticas públicas, desigualdade social e educação. *In*: GISI, M. L.; PEGORINI, D. G. (org.). **As desigualdades sociais na educação**: desafios e perspectivas. Curitiba: CRV, 2022. p. 13-24. p. 19.

[50] "Para Anderson (2000), o Neoliberalismo nascido logo após a II Guerra Mundial, na Europa e na América do Norte, onde o capitalismo preponderava, é uma doutrina política contra o Estado de bem-estar. O neoliberalismo sustentado pelas ideias de Hayek defende a eliminação dos limites de mercado impostos pelo Estado" (SANTOS, M. S.; MESQUIDA, P. **As matilhas de Hobbes**: o modelo da pedagogia por competências. São Bernardo do Campo: Universidade Metodista de São Paulo, 2007. p. 21-22).

mentação (basicamente, provas de rendimento aplicadas à população estudantil); b) no planejamento hipercentralizado de reformas curriculares a partir das quais se chega a estabelecer os conteúdos básicos de um Currículo Nacional; e c) na implementação de programas nacionais de formação de professores que permitam a atualização dos docentes, segundo o plano curricular estabelecido na citada reforma.[51]

Essa ênfase nas avaliações de desempenho dos educandos se desenvolve conforme a Declaração Mundial sobre Educação para Todos, que aconteceu em Jomtien, Tailândia, em 1990. Na ocasião, constituiu-se um Plano de Ação para satisfazer as necessidades básicas de aprendizagem, sendo esse um marco histórico no que concerne às avaliações de desempenho. Em tal plano, explica Boeno[52], observa-se a ênfase nos resultados, na avaliação de rendimento ou de desempenho, o que pode ser observado no artigo e nas metas seguintes:

> Artigo 4 – CONCENTRAR A ATENÇÃO NA APRENDIZAGEM: 1. [...] a educação básica deve estar centrada na aquisição e nos *resultados efetivos* da aprendizagem, e não mais exclusivamente na matrícula, frequência aos programas estabelecidos e preenchimento dos requisitos para a obtenção do diploma. Abordagens ativas e participativas são particularmente valiosas no que diz respeito a garantir a aprendizagem e possibilitar aos educandos esgotar plenamente suas possibilidades. Daí a necessidade de definir, nos programas educacionais, os níveis desejáveis de aquisição de conhecimentos e implementar *sistemas de avaliação de desempenho*.[53]

Além disso, as provas de rendimento estão presentes nas recomendações do Banco Mundial, as quais integram a política regulatória de controle sugerida pelo BM. Boeno menciona que a política contempla a questão da avaliação dos alunos, o Plano de Desenvolvimento da Educação Básica (PDE), instituído em 2007, o qual destaca como função da União que esta exerça, no que concerne à educação,

---

[51] GENTILI, P. **A falsificação do consenso**: simulacro e imposição na reforma educacional do neoliberalismo. Petrópolis: Vozes, 1998. p. 24-25.

[52] BOENO, R. M. **Mudanças na forma de organização do ensino fundamental**: um estudo no município de Dois Vizinhos – PR. 2011. Dissertação (Mestrado em Educação) – PUCPR, Curitiba, 2011.

[53] DECLARAÇÃO Mundial sobre Educação para Todos (Conferência de Jomtien – 1990). Aprovada pela Conferência Mundial sobre Educação para Todos, em Jomtien, Tailândia, de 5 a 9 de março de 1990. grifo nosso.

> [...] função redistributiva e supletiva, de forma a garantir equalização de oportunidades educacionais e padrão mínimo de qualidade do ensino mediante assistência técnica e financeira aos estados, ao Distrito Federal e aos municípios.[54]

Para tanto, fez-se necessário:

> [...] revisão da postura da União, a qual, a partir do PDE assumiu maiores compromissos – inclusive financeiros – e colocou à disposição dos estados, do Distrito Federal e dos municípios instrumentos eficazes de avaliação e de implementação de políticas de melhoria da qualidade da educação, sobretudo da educação básica pública.[55]

Outro documento importante nesse contexto das avaliações e que representa um plano estratégico vinculado ao PDE é o Plano de Metas Compromisso Todos pela Educação. Este foi instituído por meio do Decreto 6.094, de 20 de abril de 2007, o qual, entre outros tipos de avaliação, também contempla o desempenho e avaliação dos alunos, o que se expressa em 4 das 28 diretrizes estabelecidas no plano, as quais foram destacadas por Boeno:

> I - estabelecer como foco a aprendizagem, apontando *resultados* concretos a atingir.
> II - alfabetizar as crianças até, no máximo, os oito anos de idade, aferindo os *resultados* por exame periódico específico.
> III - acompanhar cada aluno da rede individualmente, mediante registro da sua frequência e do seu *desempenho* em avaliações, que devem ser realizadas periodicamente.
> [...]
> XIX - divulgar na escola e na comunidade os dados relativos à área da educação, *com ênfase no Índice de Desenvolvimento da Educação Básica* – IDEB, referido no art. 3º.[56]

Nesse sentido, fica evidente que, desde a construção do Plano de Ação elaborado em Jomtien durante a Conferência de Educação para Todos, em 1990, as ações implementadas via planos e programas voltam-se para a questão das avaliações de desempenho, sejam estas dos alunos, sejam estas dos profissionais da educação, das políticas públicas ou do sistema.

---

[54] BRASIL. Ministério da Educação. **O plano de desenvolvimento da educação**: razões, princípios e programas. Brasília, DF: Presidência da República, 2009. p. 11.
[55] *Ibidem*, p. 11.
[56] BRASIL. **Decreto n.º 6.094, de 24 de abril de 2007**. Dispõe sobre a implementação do Plano de Metas Compromisso Todos pela Educação [...]. Brasília, DF: Presidência da República, 2007. grifo nosso.

É preciso considerar que a ênfase numa política regulatória é uma exigência de organismos internacionais como a Unesco e o Banco Mundial, principalmente deste, cuja condição se faz necessária para a liberação de recursos aos países em desenvolvimento. Assim sendo, esses organismos representam os principais estimuladores externos das reformas educacionais no Brasil.

Sobre os financiamentos do BM para o Brasil, Miguel e Vieira asseguram:

> Durante as últimas décadas, o aporte financeiro propiciado pelo Banco trouxe expectativas favoráveis por parte dos diferentes segmentos da administração pública. Na esfera educacional, esses recursos seguiram o modelo de co-financiamento, de acordo com o qual o Banco não empresta diretamente aos projetos, mas reembolsa o país por investimento paralelo, denominado contrapartida nacional. Além disso, os objetivos dos projetos prenunciavam ações de impacto no desenvolvimento da escola e na melhoria da qualidade de ensino, na gestão do sistema educacional e da escola, na inovação tecnológica, com efeito significativo na redução da evasão e da repetência.[57]

As políticas educacionais, ou mesmo as ações implementadas via planos e programas, em resposta às determinações da política neoliberal e atendendo às propostas do Consenso de Washington (1989), bem como à Declaração de Jomtien (1990), culminaram na criação do Sistema de Avaliação da Educação Básica, cujo objetivo central consiste na coleta de informações a respeito de como vem sendo o desempenho acadêmico dos alunos brasileiros.

Este sistema de avaliação vem sendo aplicado no Brasil desde 1990; inicialmente denominado Sistema de Avaliação da Educação Primária (Saep), somente a partir da aprovação da Constituição federal de 1988 é que passou a ser chamado de Sistema de Avaliação da Educação Básica[58]. Antes, entre 1985 e 1986, estava em vigor no Brasil o Projeto Edurural, financiado pelo Banco Mundial, e que envolvia escolas rurais do Nordeste brasileiro. Conforme essa experiência, realizou-se um comparativo entre os alunos das escolas beneficiadas pelo projeto e os que não eram benefi-

---

[57] MIGUEL, M. E. B.; VIEIRA, A. M. D. P. As políticas educacionais e a formação continuada do professor. **Revista HISTEDBR On-Line**, Campinas, n. 31, p. 127-141, set. 2008. p. 132.

[58] BRASIL. Ministério da Educação. **PDE/Saeb**: plano de desenvolvimento da educação. Brasília, DF: MEC, 2011.

ciados, e esse diagnóstico possibilitou ao Ministério da Educação (MEC) a elaboração do primeiro sistema de avaliação[59]. Sobre esse sistema, o MEC apresenta:

> A partir dessa experiência, em 1988 o MEC instituiu o Saep, Sistema de Avaliação da Educação Primária que, com as alterações da Constituição de 1988, passa a chamar-se Saeb, Sistema de Avaliação da Educação Básica. O Objetivo do MEC era oferecer subsídios para a formulação, reformulação e monitoramento de políticas públicas, contribuindo, dessa maneira, para a melhoria da qualidade do ensino brasileiro. A primeira avaliação ocorreu em 1990.[60]

A partir de então, o MEC, sob orientação dos organismos internacionais, principalmente da Unesco, vem implementando esses processos de avaliação. A partir de 1992, o Instituto Nacional de Ensino e Pesquisa Educacionais Anísio Teixeira (Inep) passa a assumir essa responsabilidade de elaboração das avaliações nacionais. Desse modo, no ano subsequente, inicia-se um novo ciclo no que diz respeito às avaliações, realizando-se no Brasil, a cada dois anos, as avaliações dos alunos da educação básica, e não apenas da educação primária, como era até então[61].

Nessa trajetória, muitas implementações ocorreram, até se chegar, em 2005, à elaboração da Prova Brasil; em 2007, à instituição do Índice de Desenvolvimento da Educação Básica e da Provinha Brasil; em 2013, à Avaliação Nacional da Alfabetização; e, em 2019, à reformulação do Saeb.

De acordo com o Inep, o Saeb era composto por três avaliações externas em larga escala: a Avaliação Nacional da Educação Básica[62]; a Avaliação Nacional da Educação do Rendimento Escolar[63], também

---

[59] Ibidem.
[60] *Ibidem*, p. 9.
[61] Ibidem.
[62] "[...] avaliação bianual que abrange, de forma amostral, escolas e alunos das redes públicas e privadas do País, em áreas urbanas e rurais, matriculados na 4ª série (5º ano) e 8ª série (9º ano) do Ensino Fundamental e no 3º ano do Ensino Médio regular. Essa prova mantém as características, os objetivos e os procedimentos da avaliação da educação básica efetuada até 2005 pelo Saeb, tendo como foco avaliar a qualidade, a equidade e a eficiência da educação básica brasileira. Os resultados do país são apresentados por regiões geográficas e unidades da federação" (INSTITUTO NACIONAL DE ESTUDOS E PESQUISAS EDUCACIONAIS ANÍSIO TEIXEIRA (INEP). **Anresc (Prova Brasil)/Aneb**. Brasília, DF: Inep, 2017. p. 7-8).
[63] "[...] avaliação censitária bianual envolvendo os alunos da 4ª série (5º ano) e 8ª série (9º ano) do Ensino Fundamental das escolas públicas que possuem, no mínimo, 20 alunos matriculados nas séries/anos avaliados. Seu objetivo principal é mensurar a qualidade do ensino ministrado nas escolas das redes públicas, fornecendo resultados para cada unidade escolar participante bem como para as redes de ensino em geral. Apresenta, ainda, indicadores contextuais sobre as condições extra e intraescolares em que ocorre o trabalho da escola" (Inep, 2017, p. 8).

denominada Prova Brasil; e a Avaliação Nacional da Alfabetização[64] [65]. É importante ressaltar que tanto a Aneb quanto a Anresc/Prova Brasil eram realizadas bianualmente; já a ANA, anualmente. Mas, a partir de 2019, como mencionado no tópico anterior, tais siglas foram abandonadas, passando-se a utilizar apenas uma sigla, Saeb, "acompanhado das etapas, das áreas de conhecimento, dos tipos de instrumentos envolvidos etc."[66]

Quanto aos conteúdos cobrados nessas avaliações, até o ano de 2013 somente conteúdos das áreas de língua portuguesa e de matemática integravam as provas que compunham o Saeb. A partir de 2014, ainda de maneira incipiente, conteúdos da área de ciências começaram a aparecer nas avaliações, ou seja, neste ano a avaliação de ciências ocorreu de maneira amostral, envolvendo alunos do novo ano do ensino fundamental e do terceiro ano do ensino médio. O conteúdo de ciências foi então cobrado tanto na Prova Brasil quanto na Aneb; todavia, como era de caráter amostral, nem todos os alunos fizeram a avaliação de ciências, por isso ela ainda não integrava o Índice de Desenvolvimento da Educação Básica — e na edição de 2023, nove anos após a sua inserção de maneira amostral, esses conteúdos ainda continuam sendo amostrais, sem integrar o Ideb.

O Plano Nacional de Educação — Lei 13.005, de 2014 — contempla na meta 7, estratégia 7.7, a inclusão de ciências nas avaliações dos estudantes, sendo esta:

> 7.7) aprimorar continuamente os instrumentos de avaliação da qualidade do ensino fundamental e médio, de forma a englobar o ensino de ciências nos exames aplicados nos anos finais do ensino fundamental, e incorporar o Exame Nacional do Ensino Médio, assegurada a sua universalização, ao sistema de avaliação da educação básica, bem como apoiar o uso dos resultados das avaliações nacionais pelas escolas e redes de ensino para a melhoria de seus processos e práticas pedagógicas.[67]

---

[64] "[...] avaliação censitária envolvendo os alunos do 3º ano do Ensino Fundamental das escolas públicas, com o objetivo principal de avaliar os níveis de alfabetização e letramento em Língua Portuguesa, alfabetização Matemática e condições de oferta do Ciclo de Alfabetização das redes públicas. A ANA foi incorporada ao Saeb pela Portaria n.º 482, de 7 de junho de 2013" (Inep, 2017, p. 8).

[65] INEP, 2017.

[66] *Idem*, 2018.

[67] BRASIL. **Lei n.º 13.005, de 25 de junho de 2014**. Aprova o Plano Nacional de Educação – PNE e dá outras providências. Brasília, DF: Presidência da República, 2014.

Quanto à composição dessas avaliações, o Inep, no documento básico *Inclusão de ciências no Saeb*, enfatiza:

> As reflexões acerca do que deve ser avaliado sobre a aprendizagem em Ciências da natureza e em Ciências Humanas, ou seja, o construto que vai orientar a medida em seus respectivos instrumentos direciona a construção de uma matriz que, por sua vez, possa orientar a concepção dos itens que vão compor o banco de itens. A matriz não deve ser confundida com o currículo, uma vez que representa um recorte curricular, ao mesmo tempo que busca refletir sobre o seu dinamismo.[68]

Conforme informações do Inep, o Saeb passou por aprimoramentos, tais como:

> - Abrangência de todo o percurso regular da Educação Básica, com a inclusão da Educação Infantil no escopo do SAEB.
> - Implementação de novas Matrizes de Língua Portuguesa e Matemática tendo o 2º ano do Ensino Fundamental como etapa de referência do SAEB, conforme estabeleceu a BNCC. Haverá itens de resposta objetiva e itens de resposta construída.
> - Implementação das áreas de Ciências da Natureza e de Ciências Humanas no escopo dos testes de 9º ano do Ensino Fundamental do SAEB, tomando por referência a BNCC. Haverá itens de resposta objetiva e itens de resposta construída.[69]

A ênfase em português e matemática só comprova que o objetivo dessas avaliações é a mera apresentação de números aos organismos internacionais e uma preparação aligeirada para o mercado de trabalho, sem se preocupar com a formação humana e científica dos alunos.

Quanto às matrizes de referência das provas, é imprescindível compreender que estas não representam o currículo de ciências, de português e de matemática, mas sim um recorte dele. No entanto, docentes e gestores das instituições de ensino são pressionados a realizar treinamentos conforme os descritores[70] presentes nessas matrizes, principalmente nas

---

[68] INSTITUTO NACIONAL DE ESTUDOS E PESQUISAS EDUCACIONAIS ANÍSIO TEIXEIRA (INEP). **Inclusão de ciências no Saeb**: documento básico. Brasília, DF: Inep, ago. 2013a. p. 22.

[69] *Idem*, 2018.

[70] Descritores servem de base para a construção dos itens das provas. Os descritores, portanto, especificam o que cada habilidade implica e são utilizados como base para a construção dos itens dos testes das diferentes disciplinas. Cada descritor dá origem a diferentes itens e, com base nas respostas dadas a estes, verifica-se o que os alunos sabem e conseguem fazer com os conhecimentos adquiridos.

turmas que passarão por esses processos de avaliação. Tais pressões advêm dos gestores do sistema (secretários de educação e chefias de núcleos regionais de educação), os quais também acabam sendo pressionados pelos seus superiores, uma vez que há uma exigência nacional e internacional para que as metas propostas no Ideb sejam atingidas.

O Ideb é medido a cada dois anos, conforme já mencionado, e o objetivo, de acordo com o Novo Plano Nacional de Educação (Lei 13.005/2014), está explícito na meta 7, isto é, "fomentar a qualidade da educação básica em todas as etapas e modalidades, com melhoria do fluxo escolar e da aprendizagem, de modo a atingir as seguintes médias nacionais para o IDEB" em 2021: nos anos iniciais do ensino fundamental, uma média de 6,0; nos anos finais do ensino fundamental, média de 5,5; no ensino médio, média de 5,2[71]. No entanto, em 2021[72] o Brasil obteve as seguintes notas, respectivamente: 5,8, 5,1 e 4,2[73].

Ou seja, as metas não foram alcançadas em nenhuma das etapas da educação básica, apesar das ações desencadeadas pelas escolas e também pelo próprio sistema, entre elas as práticas de "treinamento", tendo como apoio as matrizes de referência das provas disponibilizadas pelo MEC para as escolas e o estabelecimento de convênios com os chamados "sistemas de ensino".

Em relação a esses convênios com os sistemas de ensino, Saviani afirma:

> É assim que o movimento dos empresários vem ocupando espaço nas redes públicas via UNDIME e CONSED, nos Conselhos de educação e no próprio aparelho de Estado, como o ilustram as ações do Movimento "Todos pela Educação". É assim também que grande parte das redes públicas, em especial as municipais, vêm dispensando os livros didáticos distribuídos gratuitamente pelo MEC e adquirindo os ditos "sistemas de ensino" como "Sistema COC", Sistema Objetivo", "Sistema Positivo", "Sistema Uno", "Sistema Anglo", etc. Com o argumento de que tais "sistemas" lhes permitem aumentar um pontinho nas avaliações do IDEB, o que até se entende: esses ditos sistemas têm *know-how* em adestrar para a realização de provas. É assim, ainda,

---

[71] BRASIL, 2014.
[72] Os dados do Ideb de 2023 ainda não estavam disponíveis até a finalização de organização deste capítulo.
[73] INSTITUTO NACIONAL DE ESTUDOS E PESQUISAS EDUCACIONAIS ANÍSIO TEIXEIRA (INEP). **Resultados**. Brasília, DF: Inep, [2022]. Ideb de 2021.

que os recursos públicos da educação vêm sendo utilizado para convênios com entidades privadas, em especial nos casos das creches.[74]

O fato de as redes de ensino adotarem material para a educação infantil[75] é muito preocupante, uma vez que esta não deveria ter como objetivo a preparação para o ensino fundamental, muito menos "treinar" os educandos para as avaliações de desempenho. O objetivo dessa etapa é trabalhar o desenvolvimento humano, nas suas diversas dimensões, o que está estabelecido no Art. 29 da Lei de Diretrizes e Bases da Educação Nacional (LDB) 9.394/1996:

> A educação infantil, primeira etapa da educação básica, tem como finalidade o *desenvolvimento integral* da criança de até 5 (cinco) anos, em seus aspectos físico, psicológico, intelectual e social, complementando a ação da família e da comunidade[76].

Beauchamp, Pagel e Nascimento, na parte introdutória do documento *Ensino fundamental de nove anos: orientações para a inclusão da criança de seis anos de idade*, complementam o que está garantido na LDB em relação à educação infantil e apresentam os objetivos do trabalho com os anos iniciais do ensino fundamental:

> Faz-se necessário destacar, ainda, que a educação infantil não tem como propósito preparar crianças para o ensino fundamental, essa etapa da educação básica possui objetivos próprios, os quais devem ser alcançados a partir do respeito, do cuidado e da educação de crianças que se encontram em um tempo singular da primeira infância. No que concerne ao ensino fundamental, as crianças de seis anos, assim como as de sete a dez anos de idade, precisam de uma proposta curricular que atenda a suas características, potencialidades e necessidades específicas.[77]

A pressão para que as escolas atinjam as metas torna-se extremamente prejudicial ao desenvolvimento do processo ensino-aprendizagem, uma vez que, conforme mencionado anteriormente, as matrizes de

---

[74] SAVIANI, D. **Sistema nacional de educação e plano nacional de educação**: significado, controvérsias e perspectivas. Campinas: Autores Associados, 2014. p. 105.

[75] Faixa etária de 0 a 5 anos de idade, incluindo a creche, que atende crianças de até 3 anos de idade.

[76] BRASIL. **Lei n.º 9.394, de 20 de dezembro de 1996**. Estabelece as diretrizes e bases da educação nacional. Brasília, DF: Presidência da República, 1996. Grifo nosso.

[77] BEAUCHAMP, J.; PAGEL, S. D.; NASCIMENTO, A. R. **Ensino fundamental de nove anos**: orientações para a inclusão da criança de seis anos de idade. Brasília, DF: Ministério da Educação, Secretaria de Educação Básica, 2007. p. 8.

referência para as avaliações de desempenho dos alunos contemplam recortes do conhecimento das áreas de língua portuguesa, de matemática e ainda, de maneira incipiente, por meio de amostragens, os conteúdos de ciências. Nesse sentido, conteúdos fundamentais para o desenvolvimento do educando nessas áreas não são cobrados.

Outra lacuna presente nesse sistema de avaliação diz respeito às demais áreas do conhecimento, uma vez que conteúdos de outras disciplinas fundamentais para o desenvolvimento do aluno, como filosofia e sociologia (ensino médio), entre outras, não compõem essas avaliações. Desse modo, há uma descaracterização curricular dos objetivos do ensino na educação básica, que vem acontecendo nos últimos anos, objetivando atingir os índices e consequentemente a apresentação de números para os organismos internacionais.

Os fatores supramencionados — incentivo financeiro; treinamentos de conteúdos que vão cair nas provas, obtidos via matriz de referência destas, encaminhadas anteriormente pelo MEC; compra de materiais dos "sistemas de ensino"; o fato de as provas de desempenho não contemplarem conteúdos e áreas fundamentais para a formação do educando — podem levar ao esvaziamento do currículo. Isso é preocupante, uma vez que as metas, as quais são quantitativas, podem até ser atingidas, mas isto não garante a qualidade do ensino.

É importante destacar que o Plano Nacional de Educação (Lei 13.005/2014), na meta 5, a qual propõe "alfabetizar todas as crianças, no máximo, até o final do 3º (terceiro) ano do ensino fundamental", em uma de suas estratégias também se refere aos processos de avaliação durante a alfabetização dos alunos, sendo:

> [...] 5.2) instituir instrumentos de avaliação nacional periódicos e específicos para aferir a alfabetização das crianças, aplicados a cada ano, bem como estimular os sistemas de ensino e as escolas a criarem os respectivos instrumentos de avaliação e monitoramento, implementando medidas pedagógicas para alfabetizar todos os alunos e alunas até o final do terceiro ano do ensino fundamental.[78]

Vale ressaltar que, no âmbito nacional, em 2007 foi instituída a Provinha Brasil e em 2013 a Avaliação Nacional da Alfabetização, avaliações diagnósticas do processo de avaliação, porém, com a refor-

---
[78] BRASIL, 2014.

mulação do Saeb em 2019, elas deixaram de existir com essa nomenclatura. Ainda existe uma avaliação do processo de avaliação que integra o Saeb, aplicada nos segundos anos do ensino fundamental, mas, assim como aquelas, funciona de maneira diagnóstica e, portanto, não compõe o Ideb.

Diante do exposto, verifica-se que o Ministério da Educação vem investindo maciçamente nas avaliações de desempenho dos alunos, cujo objetivo central é atingir as metas de "qualidade" e, dessa maneira, apresentar números ao Banco Mundial, como já frisamos. As avaliações em si são importantes, esclarecemos, mas o que precisa ser revisto é, muitas vezes, a maneira de avaliar e a própria forma de abordagem dos dados, que, de modo geral, são vistos como números apenas e como instrumento de competição entre as escolas.

A preocupação com o processo de avaliação nas suas diversas etapas é fundamental, em especial durante a alfabetização, que representa a base para o desenvolvimento do aluno nas etapas subsequentes. É imprescindível, ainda, e urgente que o ensino ofertado nas escolas brasileiras promova a aprendizagem dos alunos nas diversas áreas do conhecimento e que realmente se consolide numa educação de qualidade, uma educação que garanta o acesso, a permanência e a qualidade do ensino.

Mas esta deve ser uma alfabetização[79] que ultrapasse a mera codificação e decodificação do código escrito para envolver, isto sim, um processo de letramento[80], uma vez que a dívida histórica que o Brasil tem com a população brasileira em relação à educação é muito grande: conforme o Instituto Brasileiro de Geografia e Estatística (IBGE), o país ainda tem 11 milhões de analfabetos![81]

---

[79] "Alfabetização se refere ao processo por meio do qual o sujeito domina o código e as habilidades de utilizá-lo para ler e escrever. Trata-se do domínio da tecnologia, do conjunto de técnicas que o capacita a exercer a arte e a ciência da escrita" (MONTEIRO, S. M.; BAPTISTA, M. C. Dimensões da proposta pedagógica para o ensino da linguagem escrita em classes de crianças de seis anos. *In*: BRASIL. Ministério da Educação. Secretaria de Educação Básica. Diretoria de Concepções e Orientações Curriculares para a Educação Básica. Coordenação Geral de Ensino Fundamental. **A criança de 6 anos, a linguagem escrita e o ensino fundamental de nove anos:** [...]. Organização de Francisca Izabel Pereira Maciel, Mônica Correia Baptista e Sara Mourão Monteiro. Belo Horizonte: UFMG/FaE/Ceale, 2009. p. 29-70. p. 30).

[80] "Letramento, por sua vez, é o exercício efetivo e competente da escrita e implica habilidades, tais como a capacidade de ler e escrever para informar ou informar-se, para interagir, para ampliar conhecimento, capacidade de interpretar e produzir diferentes tipos de texto, de inserir-se efetivamente no mundo da escrita, entre muitas outras" (Monteiro; Baptista, 2009, p. 30).

[81] INSTITUTO BRASILEIRO DE GEOGRAFIA E ESTATÍSTICA (IBGE). **Pesquisa nacional por amostra de domicílios contínua - Pnad contínua**. Rio de Janeiro: IBGE, c2020.

Nesse sentido, é preciso considerar que no Brasil não faltam formas de se avaliar a educação brasileira, no entanto isto não significa que essas avaliações estão resultando na melhoria da aprendizagem dos alunos, ou seja, na qualidade do ensino.

## Referências

BEAUCHAMP, J.; PAGEL, S. D.; NASCIMENTO, A. R. **Ensino fundamental de nove anos**: orientações para a inclusão da criança de seis anos de idade. Brasília, DF: Ministério da Educação, Secretaria de Educação Básica, 2007.

BOBBIO, N.; MATTEUCCI, N.; PASQUINO, G. **Dicionário de política**. Brasília, DF: Editora Universidade de Brasília, 1998.

BOENO, R. M. **Mudanças na forma de organização do ensino fundamental**: um estudo no município de Dois Vizinhos – PR. 2011. Dissertação (Mestrado em Educação) – PUCPR, Curitiba, 2011.

BONETI, L. W. As políticas públicas no contexto do capitalismo globalizado: da razão moderna à insurgência de processos e agentes sociais novos. **Pracs**: Revista Eletrônica de Humanidades do Curso de Ciências Sociais da Unifap, Macapá, n. 5, p. 17-28, dez. 2012.

BONETI, L. W. **Políticas públicas por dentro**. 3. ed. Ijuí: Ed. Unijuí, 2011.

BRASIL. **Decreto n.º 6.094, de 24 de abril de 2007**. Dispõe sobre a implementação do Plano de Metas Compromisso Todos pela Educação [...]. Brasília, DF: Presidência da República, 2007.

BRASIL. **Lei n.º 9.394, de 20 de dezembro de 1996**. Estabelece as diretrizes e bases da educação nacional. Brasília, DF: Presidência da República, 1996. Disponível em: http://www6.senado.gov.br//ListaTextoIntegral.action?id. Acesso em: 27 nov. 2014.

BRASIL. **Lei n.º 13.005, de 25 de junho de 2014**. Aprova o Plano Nacional de Educação – PNE e dá outras providências. Brasília, DF: Presidência da República, 2014. Disponível em: https://www.planalto.gov.br/ccivil_03/_ato2011-2014/2014/lei/l13005.htm. Acesso em: 28 nov. 2014.

BRASIL. Ministério da Educação. Conselho Nacional de Educação. **Resolução CNE/CP n.º 2, de 22 de dezembro de 2017**. Institui e orienta a implantação da Base Nacional Comum Curricular. Brasília, DF: CNP, 2017.

BRASIL. Ministério da Educação. **O plano de desenvolvimento da educação**: razões, princípios e programas. Brasília, DF: Presidência da República, 2009.

BRASIL. Ministério da Educação. **PDE/Saeb**: plano de desenvolvimento da educação. Brasília, DF: MEC, 2011.

CORAGGIO, J. L. Proposta do Banco Mundial para a educação: sentido oculto ou problemas de concepção? *In*: TOMMASI, L.; WARDE, M. J.; HADDAD, S. (org.). **O Banco Mundial e as políticas educacionais**. 3. ed. São Paulo: Cortez, 2000. p. 75-124.

COSMO, C. C.; FERNANDES, S. A. S. **Neoliberalismo e educação**: lógicas e contradições. Trabalho apresentado ao Seminário Nacional de Estudos e Pesquisas, 8., "História, sociedade e educação no Brasil: história, educação e transformação: tendências e perspectivas", 30 de junho a 3 de julho de 2009, Unicamp, Campinas.

COUTINHO, C. N. **Intervenções**: o marxismo na batalha das ideias. São Paulo: Cortez, 2006.

DECLARAÇÃO Mundial sobre Educação para Todos (Conferência de Jomtien – 1990). Aprovada pela Conferência Mundial sobre Educação para Todos, em Jomtien, Tailândia, de 5 a 9 de março de 1990.

FREITAS, L. C. **A reforma empresarial da educação**: nova direita, velhas ideias. São Paulo: Expressão Popular, 2018.

FREITAS, V. R. A. México da crise da dívida externa ao advento do Nafta. **Revista Aurora**, Marília, ano 2, n. 3, dez. 2008.

GENTILI, P. **A falsificação do consenso**: simulacro e imposição na reforma educacional do neoliberalismo. Petrópolis: Vozes, 1998.

GISI, M. L. Políticas públicas, desigualdade social e educação. *In*: GISI, M. L.; PEGORINI, D. G. (org.). **As desigualdades sociais na educação**: desafios e perspectivas. Curitiba: CRV, 2022. p. 13-24.

GORENDER, J. Introdução: o nascimento do materialismo histórico. *In*: MARX, K.; ENGELS, F. **A ideologia alemã**. Tradução de Luis Claudio de Castro e Costa. 3. ed. São Paulo: Martins Fontes, 2001. p. VII-XL.

GRAMSCI, A. **Cadernos do cárcere**. Edição e tradução de Carlos Nelson Coutinho. Coedição de Luiz Sérgio Henriques e Marco Aurélio Nogueira. Rio de Janeiro: Editora Civilização Brasileira, 1999. v. 1.

GRAMSCI, A. **Cadernos do cárcere**. Edição e tradução de Carlos Nelson Coutinho. Coedição de Luiz Sérgio Henriques e Marco Aurélio Nogueira. 2. ed. Rio de Janeiro: Civilização Brasileira, 2001. v. 2.

IANNI, O. **Estado e capitalismo**. São Paulo: Editora Brasiliense, 1989.

INSTITUTO BRASILEIRO DE GEOGRAFIA E ESTATÍSTICA (IBGE). Brasil/Paraná/Dois Vizinhos. *In*: INSTITUTO BRASILEIRO DE GEOGRAFIA E ESTATÍSTICA. **Cidades**. Rio de Janeiro: IBGE, c2024. Sistema, v4.6.68. Dados de 2017.

INSTITUTO BRASILEIRO DE GEOGRAFIA E ESTATÍSTICA (IBGE). **Pesquisa nacional por amostra de domicílios contínua - Pnad contínua**. Rio de Janeiro: IBGE, c2020.

INSTITUTO NACIONAL DE ESTUDOS E PESQUISAS EDUCACIONAIS ANÍSIO TEIXEIRA (INEP). **Anresc (Prova Brasil)/Aneb**. Brasília, DF: Inep, 2017.

INSTITUTO NACIONAL DE ESTUDOS E PESQUISAS EDUCACIONAIS ANÍSIO TEIXEIRA (INEP). **BNCC**: exames e avaliação da educação básica. Trabalho apresentado ao Congresso Nacional de Avaliação em Educação, 5., dezembro de 2018, Bauru.

INSTITUTO NACIONAL DE ESTUDOS E PESQUISAS EDUCACIONAIS ANÍSIO TEIXEIRA (INEP). **Inclusão de ciências no Saeb**: documento básico. Brasília, DF: Inep, ago. 2013a.

INSTITUTO NACIONAL DE ESTUDOS E PESQUISAS EDUCACIONAIS ANÍSIO TEIXEIRA (INEP). **Portaria n.º 482, de 7 de junho de 2013**. Dispõe sobre o Sistema de Avaliação da Educação Básica- Saeb. Brasília, DF: Inep, 2013b.

INSTITUTO NACIONAL DE ESTUDOS E PESQUISAS EDUCACIONAIS ANÍSIO TEIXEIRA (INEP). **Resultados**. Brasília, DF: Inep, [2022]. Ideb de 2021. Disponível em:

LAVAL, C. **A escola não é uma empresa**: o neoliberalismo em ataque ao ensino público. São Paulo: Boitempo, 2019.

LAVAL, C.; VERGNE, F. **Educação democrática**: a revolução escolar iminente. Petrópolis: Vozes, 2023.

MARX, K.; ENGELS, F. **A ideologia alemã**. Introdução de Jacob Gorender. Tradução de Luis Claudio de Castro e Costa. 3. ed. São Paulo: Martins Fontes, 2001.

MIGUEL, M. E. B.; VIEIRA, A. M. D. P. As políticas educacionais e a formação continuada do professor. **Revista HISTEDBR On-Line**, Campinas, n. 31, p. 127-141, set. 2008.

MONTAÑO, C.; DURIGUETTO, M. L. **Estado, classe e movimento social**. São Paulo: Cortez, 2010. (Biblioteca básica do serviço social; v. 5).

MONTEIRO, S. M.; BAPTISTA, M. C. Dimensões da proposta pedagógica para o ensino da linguagem escrita em classes de crianças de seis anos. *In*: BRASIL. Ministério da Educação. Secretaria de Educação Básica. Diretoria de Concepções e Orientações Curriculares para a Educação Básica. Coordenação Geral de Ensino Fundamental. **A criança de 6 anos, a linguagem escrita e o ensino fundamental de nove anos:** [...]. Organização de Francisca Izabel Pereira Maciel, Mônica Correia Baptista e Sara Mourão Monteiro. Belo Horizonte: UFMG/FaE/Ceale, 2009. p. 29-70.

OLIVEIRA, D. A. Gestão das políticas públicas educacionais: ação pública, governance e regulação. *In*: OLIVEIRA, D. A. *et al*. **Políticas e gestão da educação no Brasil**: novos marcos regulatórios. São Paulo: Xamã, 2009. p. 15-29.

SANTOS, M. S.; MESQUIDA, P. **As matilhas de Hobbes**: o modelo da pedagogia por competências. São Bernardo do Campo: Universidade Metodista de São Paulo, 2007.

SAVIANI, D. **Sistema nacional de educação e plano nacional de educação**: significado, controvérsias e perspectivas. Campinas: Autores Associados, 2014.

SHIROMA, E. O.; MORAES, M. C. M.; EVANGELISTA, O. **Política educacional**. 4. ed. Rio de Janeiro: Lamparina, 2007.

SILVA, T. T. A "nova" direita e as transformações na pedagogia da política e na política da pedagogia. *In*: GENTILI, P. A. A.; SILVA, T. T. **Neoliberalismo, qualidade total e educação**. 7. ed. Petrópolis: Vozes, 1999. p. 9-30.

SOARES, M. C. C. Banco Mundial: políticas e reformas. *In*: TOMMASI, L.; WARDE, M. J.; HADDAD, S. (org.). **O Banco Mundial e as políticas educacionais**. 3. ed. São Paulo: Cortez, 2000. p. 15-31.

SOUZA, C. Políticas públicas: uma revisão da literatura. **Sociologias**, Porto Alegre, ano 8, n. 16, p. 20-45, jul./dez. 2006.

TUDE, J. M. Conceitos gerais de políticas públicas. *In*: TUDE, J. M.; FERRO, D.; SANTANA, F. P. (org.). **Políticas públicas**. Curitiba: Iesde Brasil, 2010. p. 11-34.

VASCONCELOS, K. E. L.; SILVA, M. C. S.; SCHMALLER, V. P. V. (Re) visitando Gramsci: considerações sobre o Estado e o poder. **Revista Katálysis**, Florianópolis, v. 16, n. 1, p. 82-90, jan./jun. 2013.

# 2

# POLÍTICAS PÚBLICAS NA EDUCAÇÃO ESPECIAL: A ATUAÇÃO DOS CONSELHOS MUNICIPAIS

*Maria Isabel Buccio*
*Marcia R. B. Godinho Lois*

## Introdução

*Numa sociedade que não enxerga as pessoas com deficiência,*
*o trabalho de aceitação começa do zero todos os dias.*
*(Silvania Maria da Silva)*

Em 2013, o relatório *Situação mundial da infância*, do Fundo das Nações Unidas para a Infância (Unicef), foi dedicado a análise e avaliação do processo de exclusão social a que estão sujeitas as crianças com deficiência e apontou para a superação da exclusão social dessa minoria com base no desenvolvimento de políticas públicas que visassem melhorar a qualidade de vida e lhe dessem condições para o pleno desenvolvimento.

O órgão propôs como primeira medida a ratificação da Convenção sobre os Direitos das Pessoas com Deficiência[82] (PcDs) e da Convenção sobre os Direitos da Criança[83]. Já o papel do Estado seria o de agente primeiro de transformação da realidade das pessoas com deficiência, uma vez que

---

[82] Em 30 de março de 2007, o Brasil assinou esses documentos na sede da Organização das Nações Unidas (ONU), em Nova York, gerando o encaminhamento à Câmara dos Deputados, por meio da Mensagem Presidencial 711 da Convenção dos Direitos da Pessoa com Deficiência (CDPD) e do Protocolo Facultativo (PF) visando à equivalência de Emenda Constitucional (EC), nos termos do parágrafo terceiro do Art. 5º da Constituição federal (incluído pela EC 45, de 8/12/2014). Em 9 de julho de 2008, a CDPD e o PF foram ratificados com equivalência de EC pelo Senado por meio do Decreto Legislativo 186. Em agosto, o governo brasileiro depositou o instrumento de ratificação da CDPD e do PF ao Secretário-Geral na sede da ONU. Um ano depois, a CDPD e o PF foram promulgados pelo presidente da República cia Decreto 6.949 (SASSAKI, R. K. Os dez anos da Convenção sobre os Direitos das Pessoas com Deficiência. *In*: DIVERSA, EDUCAÇÃO INCLUSIVA NA PRÁTICA. [*S. l.*]: Instituto Rodrigo Mendes, 22 dez. 2016).

[83] A Convenção dos Direitos da Criança é o mais amplo tratado internacional de Direitos Humanos já ratificado na história, articulando todos os direitos civis, políticos, culturais, sociais e econômicos das crianças. É baseada em quatro princípios fundamentais: não discriminação, ações que levam em conta o melhor interesse da criança, direito à vida e respeito pelas opiniões da criança. Esses princípios orientadores das ações de todos

> Crianças com deficiência são frequentemente considera-
> das inferiores, o que as expõe a maior vulnerabilidade: a
> discriminação baseada em deficiência manifesta-se em
> marginalização na alocação de recursos e em tomadas de
> decisão, e até mesmo em infanticídio. Exclusão resulta
> frequentemente de invisibilidade. São poucos os países
> que dispõem de informações confiáveis sobre quantos de
> seus cidadãos são crianças com deficiência, quais são suas
> deficiências ou de que forma essas deficiências afetam sua
> vida. Excluídas dessa forma, sua existência não é conhecida
> pelos serviços públicos aos quais têm direito. Essas priva-
> ções têm efeitos duradouros – por exemplo, limitando o
> acesso a emprego remunerado ou à participação em ações
> cívicas no futuro.[84]

A vulnerabilidade da criança com deficiência também é alvo de considerações pela Unicef, que apresenta medidas de proteção, dado que "crianças com deficiência estão entre os membros de maior vulnerabilidade social"; são elas que mais se beneficiam de medidas que visam identificá-las, protegê-las contra abusos e garantir seu acesso à justiça[85].

A Unicef aponta ainda que um estudo global sobre as crianças com deficiência se torna extremamente complexo. A dependência de dados de estudos isolados é igualmente prejudicial. Ainda assim, percebe-se que o papel dos governos na criação e na manutenção de políticas públicas nessa área continua necessário:

> É evidente a necessidade de produzir estimativas confiáveis,
> válidas e comparáveis internacionalmente. No entanto, a
> coleta atual de dados sobre a situação da deficiência infan-
> til, mesmo fragmentada, não é desculpa para adiar ações
> significativas para inclusão. À medida que surgem, novos
> dados e análises representam oportunidades para adaptar
> programas existentes e planejados para crianças com defi-
> ciência e suas famílias.[86]

---

os interessados, inclusive das próprias crianças, na realização de seus direitos. Foi ratificada por 192 países (apenas Estados Unidos e Somália ainda não aderiram), e desde 1990 mais de 70 países já incorporaram na sua legislação nacional estatutos sobre o tema, efetuando reformas jurídicas baseadas nos dispositivos da convenção (CORBELLINI, G. Convenção dos Direitos da Criança - Direito de Todos. In: OBSERVATÓRIO DO GOVERNO ELETRÔNICO. [S. l.: s. n.], 14 maio 2012).

[84] FUNDO DAS NAÇÕES UNIDAS PARA A INFÂNCIA (UNICEF). **Situação mundial da infância 2013**: crianças com deficiência. Nova York: Unicef, maio 2013. p. 1.

[85] *Ibidem*, p. 11.

[86] *Ibidem*, p. 20.

Assim, é importante começarmos com a análise do Estado de acordo com a perspectiva de Nicos Poulantzas, ou seja, enquanto arena de embate relacional entre forças da qual emergem as políticas públicas visando à dissipação dos conflitos. Nessa arena, o confronto de interesses opostos para controlar as forças de desenvolvimento torna-se a base dos movimentos sociais, representando energias de resistência a uma opressão consolidada, ao mesmo tempo buscando-se fontes revitalizadas para superação, isto é, "energias sociais, antes dispersas, são canalizadas e potencializadas por meio de suas práticas e 'fazeres propositivos'"[87].

As políticas públicas, agora definidas por Harold Lasswell, são "decisões e análises sobre política pública [que] implicam responder às seguintes questões: quem ganha o quê, por quê e que diferença faz"[88]. Já outras definições enfatizam a solução de problemas, mas possuem lacunas, por não abrangerem o aspecto conflituoso e os limites que cercam as decisões governamentais.

De acordo com Leonardo Secchi[89], apesar de diferenciados enfoques, é necessário que o Estado tome para si o papel de elaborar e implantar as políticas públicas, argumentando que, na abordagem estatista, a política pública só será definida como tal quando for emanada pelo Estado, ou seja, é consequência dos resultados obtidos por processos governamentais. Compreende-se, no entanto, que a perspectiva pública vai além da perspectiva de políticas governamentais:

> [...] o que define se uma política *é ou não pública* é a sua intenção de responder a um problema público, e não se o tomador de decisão tem personalidade jurídica estatal ou não estatal. São os contornos da definição de um problema público que dão à política o adjetivo "pública".[90]

No que se refere à ação do Estado, seja como tomador de decisões, seja como regulamentador de políticas públicas, é indispensável analisar contemporaneamente a ação estatal conforme o "controle social". O papel coercitivo e controlador do Estado é um tema bastante discutido,

---
[87] CABRAL FILHO, A. V.; FERREIRA, G. Movimentos sociais e o protagonismo das pessoas com deficiência. **SER Social**, Brasília, v. 15, n. 32, p. 93-116, jan./jun. 2013. p. 97.
[88] LASSWELL, 1958 *apud* SOUZA, C. Políticas públicas: questões temáticas e de pesquisa. **Sociologias**, Porto Alegre, ano 8, n. 16, p. 20-45, jul./dez. 2006. p. 25.
[89] SECCHI, L. **Políticas públicas**: conceitos, esquemas de análise, casos práticos. 2. ed. São Paulo: Cengage Learning, 2013.
[90] *Ibidem*, p. 14.

mas, antes de adentrar a problematização, é necessário esclarecer que a definição de controle social evoluiu seguindo diferentes dimensões, abrangendo formas de governo e o exercício de poder.

A visão de Bentham[91] explora o conceito de controle social do Estado sobre a sociedade civil, mas é importante também compreender a ação da sociedade civil sobre o Estado, conforme afirma Machado:

> [...] essencialmente, (o controle social) pode ser concebido de duas formas: controle do Estado sobre a sociedade civil, com o objetivo de conservação de privilégios, e controle da sociedade civil sobre o Estado, enquanto perspectiva de mudança social. Em ambos os casos, o controle social constitui-se como base e instrumento de um projeto societário que poderá fortalecer os interesses das classes dominantes ou das classes subalternas.[92]

Percebe-se que as expressões "política pública" e "controle social" estão interligadas pela ação recíproca entre Estado e sociedade. Contudo, para que ocorra efetivamente a ação da sociedade sobre o Estado, é necessário participação desta, sob forma legitimada. As classes, nesse contexto, não se limitam às questões econômicas, pois englobam grupos estabelecidos, os quais se remetem a uma luta entre dominantes e dominados. Conforme sustenta Machado, a participação da sociedade concretiza a igualdade de direitos, fortalecendo a democracia representativa por meio de instrumentos como o voto. Em decorrência disso, "a noção de controle é fortemente associada à existência de espaços de participação". Contudo, a autora aponta o risco de essa participação estar contaminada por interesses de apenas uma classe.

Há, pois, risco de parcialidade e manipulação da ação participativa da sociedade, por isso essa ação dentro dos conselhos municipais é abordada neste estudo. Pode-se afirmar, conforme enfatiza Machado[93], que a participação democrática é uma forma de evitar a coerção e o corporativismo

---

[91] Jeremy Bentham foi o primeiro filósofo a conceber a ideia de que, em uma sociedade onde o poder é exercido de forma que ninguém consegue identificar os seus executores, cria-se um controle psicológico em que os indivíduos se autocontrolam, fiscalizam-se. O projeto, criado em 1789, era para ser uma prisão-modelo com o objetivo de reformar os encarcerados em um edifício em forma de anel, onde todas as celas eram visíveis pelo inspetor. Contudo, para o autor do projeto, deveria ser utilizado para todas as instituições educacionais, de assistência e de trabalho, tornando-se o esboço de uma sociedade racional (GONÇALVES, D. S. **O panóptico** de **Jeremy Bentham**: por uma leitura utilitarista. São Paulo: Blucher Acadêmico, 2008).

[92] MACHADO, L. M. O. **Controle social da política de assistência social**: caminhos e descaminhos. Porto Alegre: EdiPUCRS, 2012. p. 53.

[93] *Ibidem*, p. 53.

de uma classe dominante — "a participação voltada ao caminho do controle social da sociedade civil sobre o Estado deve ser uma participação democrática e cidadã" alicerçada "pela igualdade de direitos e de acessos, pela liberdade de expressão, pelo pluralismo de ideias e pela capacidade interventiva das pessoas envolvidas". Por outro lado, o controle social não é o mesmo que democracia, mas um aspecto dela, na medida em que:

> Em regimes autoritários e também em regimes democráticos, embora com menos evidência, o controle social desenvolveu-se enquanto mecanismo de coerção do Estado sobre a sociedade civil. Se democracia corresponde ao "governo do povo, soberania popular, democratismo" (Ferreira, 2004, p. 616), o controle social numa perspectiva democrática aconteceria mediante a participação efetiva do povo nos espaços de decisão sobre a "coisa pública", ou seja, sobre questões que dizem respeito aos interesses de todas as pessoas.[94]

Uma forma de efetuar o controle social, isto é, a sociedade exercendo influência sobre o Estado, é valer-se da participação em conselhos. Nessa mesma perspectiva, é possível exigir maiores transformações, possibilitando à pessoa com deficiência condições de acesso a todos os direitos constitucionais.

Com a Constituição de 1988, foram criados arranjos institucionais para efetivar a participação e o controle social. Estes foram denominados "conselhos", e têm como objetivo a articulação entre sociedade e Estado.

A capacidade conferida à sociedade organizada (movimentos sociais, organizações sindicais e profissionais, militância política etc.) de interagir com o Estado, na definição de prioridades e na elaboração de políticas públicas, constitui uma forma democrática de controle social. A forma de intervenção nas políticas públicas ocorre pelos conselhos de políticas públicas, conhecidos como conselhos gestores de políticas setoriais ou conselhos de direitos. Estes podem ser encontrados nas três esferas de governos: União, estados e municípios. Os conselhos, segundo Bonat,

> [...] criam uma esfera pública não estatal, estabelecendo um novo padrão de relacionamento entre o Estado e a sociedade, viabilizando a participação de determinados segmentos sociais no desenvolvimento de políticas sociais.[95]

---
[94] *Ibidem*, p. 54.
[95] BONAT, D. **Representação e participação políticas**: a crise do modelo liberal e sua reestruturação através da democracia participativa. 2004. Dissertação (Mestrado em Direito) – Ufsc, Florianópolis, 2004. p. 54.

E, em decorrência disto, propiciariam ao cidadão a participação no processo de formulação de políticas e na tomada de decisões. O problema é a existência de uma cisão conceitual, na qual uma vertente aceita a função auxiliar do Poder Legislativo, restringindo a autonomia dos conselhos, limitando-os ao plano de consulta; e outra visão é defensora do caráter fiscalizador do Poder Executivo, descentralizando o poder e a participação governamental:

> [...] se o Estado e as políticas neoliberais "desconstroem" o sentido público, retirando sua universalidade e remetendo para o campo do assistencialismo e da lógica do consumidor usuário de serviços, os conselhos têm a possibilidade de reaglutinarem esses direitos fragmentados, reconstituindo os caminhos de construção da cidadania que está esfacelada.[96]

O avanço nesta questão poderia ocorrer quando a participação da sociedade, nos conselhos, na tomada de decisões e na formulação de políticas públicas, apresentar elevada representatividade. A questão da existência de diferentes vertentes sobre o poder exercido pelo Estado, na figura do Poder Legislativo, ou da liberação do Poder Executivo, vinculada ao processo de amadurecimento democrático da sociedade, só será superada quando a sociedade assumir a responsabilidade pela efetivação dos direitos, conscientizando-se da necessidade de sua participação na discussão e elaboração das políticas.

Assim, com esse preâmbulo analítico dos conceitos fundamentadores aqui propostos — Estado, políticas públicas, controle social e conselhos municipais —, já é possível observar uma crescente complexidade, considerando as diferentes relações abrangidas, tais como esfera pública (federal, estadual e municipal), sociedade, classes, interesses, burocracia e governabilidade. Nesse complexo cenário é que se vê a necessidade de discutir o conceito da pessoa com deficiência.

Utilizamos aqui a definição brasileira trazida pela Convenção sobre os Direitos das Pessoas com Deficiência, ou seja, a contemporânea:

> Pessoas como quaisquer outras, com protagonismos, peculiaridades, contradições e singularidades. Pessoas que lutam por seus direitos, que valorizam o respeito pela dignidade, pela autonomia individual, pela plena e efetiva participação

---
[96] GOHN, 2003, p. 88 *apud* BONAT, 2004, p. 54.

e inclusão na sociedade e pela igualdade de oportunidades, evidenciando, portanto, que a deficiência é apenas mais uma característica da condição humana.[97]

Essa definição apresentada tem por objetivo esclarecer a defesa e a garantia das condições de vida condignas a toda PcD, independentemente do tipo ou grau, prevendo monitoração periódica e gradativa consolidação diária dos Direitos Humanos.

Sabendo-se de antemão que o Brasil está numa situação evolutiva a esse respeito, existindo ainda um longo percurso para atingir o ideal, entre os ganhos obtidos na esfera federal tem-se a "alteração do modelo médico para o modelo social", no qual o "fator limitador é o meio em que a pessoa está inserida e não a deficiência em si", utilizando para tal a Classificação Internacional de Funcionalidades (CIF), ao indicar que o indivíduo não "possui doença" nem é caracterizado como "doente". A equiparação de oportunidades deve ser solucionada de forma coletiva, por meio de políticas públicas estruturantes, em que sejam fornecidos bens e serviços potencializadores de autonomia e independência[98].

O acesso à educação é uma das demandas sociais emergenciais a serem solucionadas, e desde a metade do século passado o Estado vem criando mecanismos de atendimento educacional, a **educação especial**, a qual é concebida como uma modalidade de ensino, mas caracterizada por fornecer um "conjunto de recursos e serviços educacionais especiais organizados para apoiar e suplementar os serviços educacionais comuns". O objetivo é o de "garantir a educação formal dos educandos que apresentem necessidades educacionais muito diferentes das da maioria das crianças e jovens"[99].

Esta definição inicial foi substituída pela inclusão dos alunos com deficiência na rede regular, sendo então redefinido o conceito de educação especial, conforme expõem Craveiro e Medeiros[100], organizadoras das

---

[97] BRASIL. **Convenção sobre os Direitos das Pessoas com Deficiência**: Protocolo Facultativo à Convenção sobre os Direitos das Pessoas com Deficiência: decreto legislativo n.º 186, de 09 de julho de 2008: decreto n.º 6.949, de 25 de agosto de 2009. 4. ed. rev. e atual. Brasília, DF: Secretaria de Direitos Humanos, Secretaria Nacional de Promoção dos Direitos da Pessoa com Deficiência, 2011. p. 13.

[98] *Ibidem*, p. 14.

[99] MAZZOTA, M. J. S. **Educação especial no Brasil**: histórias e políticas públicas. São Paulo: Cortez, 1996. p. 11.

[100] CRAVEIRO, C. B. A.; MEDEIROS, S. (org.). **Diretrizes curriculares nacionais para a educação básica**: diversidade e inclusão. Brasília, DF: Conselho Nacional de Educação, Ministério da Educação, Secretaria de Educação Continuada, Alfabetização, Diversidade e Inclusão, 2013. p. 49.

Diretrizes Curriculares Nacionais (DCN) para a educação básica: "A Educação Especial é uma modalidade de ensino transversal a todas as etapas e a outras modalidades, como parte integrante da educação regular".

O objetivo da atual política é o atendimento na rede de ensino regular de todos os estudantes com deficiência e/ou transtornos globais do desenvolvimento e altas habilidades e superdotação, garantindo uma educação de qualidade, ao mesmo tempo levando em consideração o princípio da equidade, assegurando:

> I – a dignidade humana e a observância do direito de cada estudante de realizar seus projetos e estudo, de trabalho e de inserção na vida social, com autonomia e independência;
> II – a busca da identidade própria de cada estudante, o reconhecimento e a valorização das diferenças e potencialidades, o atendimento às necessidades educacionais no processo de ensino e aprendizagem, como base para a constituição e ampliação de valores, atitudes, conhecimentos, habilidades e competências;
> III – o desenvolvimento para o exercício da cidadania, da capacidade de participação social, política e econômica e sua ampliação, mediante o cumprimento de seus deveres e o usufruto de seus direitos.[101]

## Conselhos

Considerando o exposto, o problema que lhe apresentamos aqui é o seguinte: dadas as complexas dimensões que envolvem o exercício dos conselheiros municipais, *qual é a atuação* dos membros do Conselho de Direito da Pessoa com Deficiência, do Conselho Municipal de Educação (CME) e dos Conselheiros Escolares no que se refere ao financiamento, à gestão e à organização do ensino em um município estudado — Araucária, no Paraná — na modalidade de educação especial?

Trabalhos sobre políticas públicas da modalidade de educação especial e conselhos escolares são importantes para a constituição de um corpus teórico que possa instrumentalizar a ação daqueles que participam de órgãos colegiados em matéria de educação, entretanto figuram no espaço de discussão amplo, sem atenção específica a demandas minoritárias, como aquelas relacionadas às políticas de educação especial. Por isto, neste nosso capítulo queremos suprir essa lacuna nos estudos sobre a participação popular nos espaços deliberativos organizados e institucionais.

---
[101] *Ibidem*, 49-50.

Tomamos como pressuposto a afirmativa de que a contribuição de conselheiros municipais para inclusão da PcD requer conhecimento das políticas públicas da modalidade da educação especial e do seu contexto, para que possa haver uma atuação política comprometida com uma educação emancipadora[102].

Nosso princípio metodológico de investigação dialética da realidade social é a totalidade concreta, que, antes de tudo, significa que cada fenômeno pode ser compreendido como momento do todo. Um fenômeno social é um fato histórico, na medida em que é examinado como momento de um determinado todo; desempenha, segundo Karel Kosik, a dupla função de "definir a si mesmo e definir o todo; ser ao mesmo tempo produtor e produto; [...] conquistar o próprio significado autêntico e ao mesmo tempo conferir um sentido a algo mais". Mediante essa recíproca conexão e mediação da parte e do todo, isso significa a um só tempo: "os fatos isolados são abstrações, são momentos artificiosamente separados do todo, os quais só quando inseridos no todo correspondente adquirem verdade e concreticidade"[103].

Já a nossa pesquisa bibliográfica busca subsidiar a explicação da realidade mediante a exposição das contradições existentes, bem como o apontamento das possibilidades de superação, pois a dialética do materialismo histórico, enquanto concepção de mundo e método, permite a apreensão radical da realidade e da práxis[104], possibilitando a busca de transformação e de novas sínteses no âmbito do conhecimento e da realidade histórica. Nesse sentido, este capítulo assume o materialismo histórico-dialético como teoria que melhor apreende as leis gerais do

---

[102] Segundo Saviani, a atual concepção de educação diferencia e particulariza visando à manutenção da dominação burguesa, incluindo o seu processo de acumulação. "A educação emancipadora envolve a utilização de professores bem qualificados e valorizados, escolas com melhores infraestruturas, entre outros, visando a estimulação da atividade e iniciativa dos alunos sem abrir mão, porém, da iniciativa do professor; favorecerão o diálogo dos alunos entre si e com o professor mas sem deixar de valorizar o diálogo com a cultura acumulada historicamente; levarão em conta os interesses dos alunos, os ritmos de aprendizagem e o desenvolvimento psicológico mas sem perder de vista a sistematização lógica dos conhecimentos, sua ordenação e gradação para efeitos do processo de transmissão-assimilação dos conteúdos cognitivos" (SAVIANI, D. **Escola e democracia**. São Paulo: Autores Associados, 1995. p. 79).

[103] KOSIK, K. **Dialética do concreto**. 5 ed. Rio de Janeiro: Paz e Terra, 1976. p. 49.

[104] O pensamento marxista descreve práxis como uma atividade que tem a sua origem na interação entre o homem e a natureza, e esta só começa a fazer sentido quando o homem a altera por meio da sua conduta. Segundo Marx, "a vida social é essencialmente prática. Todos os mistérios que seduzem a teoria para o misticismo encontram a sua solução racional na práxis humana e no compreender desta práxis" (MARX, K. **Teses sobre Feuerbach**. Lisboa; Moscovo: Edições Progresso, 1982. Originalmente publicada em 1845. p. 69-72).

desenvolvimento social embutido no processo de inclusão e universalização da educação. Essa teoria fornece as condições reais sem perdê-las de vista, conforme explicitam Marx e Engels:

> Suas condições são os homens, mas não vistos e plasmados através da fantasia, mas em seu processo de desenvolvimento real e empiricamente registrável, sob a ação de determinadas condições. Tão logo se expõe este processo ativo de vida, a história deixa de ser uma coleção de fatos, ainda abstratos, como o é para os empiristas, ou uma ação imaginária de sujeitos imagináveis, como o é para os idealistas.[105]

A direção epistemológica fornecida pelo materialismo histórico-dialético orienta a seleção, a organização e a sistematização teórico-metodológica deste texto, entendendo a educação como uma das possibilidades de apropriação do processo de constituição da humanidade, por meio do acesso aos bens materiais e imateriais construídos historicamente. Nessa perspectiva, buscam-se as causas, as origens, as relações e as mudanças ocorridas no objeto de estudo ao contemplar as seguintes categorias de análise totalidade e contradição:

Para Karel Kosik, a verdade é a totalidade concreta, que não é perceptível com facilidade, é preciso um esforço para tal. Primeiramente, faz-se necessária a destruição da pseudoconcreticidade, que é a falsa realidade, aquela que se apresenta imediatamente ao homem que vive em um mundo da práxis utilitária e do senso comum. A práxis utilitária, imediata, e o senso comum decorrente dela fazem com que o homem se oriente no mundo, mas não permitem que compreenda as coisas e a realidade. Essa é a práxis fragmentária dos indivíduos, que se baseia na divisão do trabalho e da sociedade em classes e nas hierarquias sociais; nessa práxis, forma-se o ambiente material do indivíduo histórico e a atmosfera espiritual em que a aparência superficial da realidade é fixada como o mundo da pretensa intimidade, confiança, em que o homem se move naturalmente[106].

Para Kosik, a totalidade concreta não significa apenas a soma de partes para formação de um todo. Também não se trata de um método para captar a realidade e exauri-la, pois a realidade/totalidade concreta/verdade não é imutável. A totalidade concreta, como concepção dialético-materialista do conhecimento do real, significa um processo indivisível,

---

[105] MARX, K.; ENGELS, F. **Textos sobre educação e ensino**. 2. ed. São Paulo: Moraes, 1992. p. 26-27.
[106] KOSIK, 1976, p. 14.

cujos momentos são: a destruição da pseudoconcreticidade, o conhecimento do caráter histórico do fenômeno, no qual se manifesta de modo característico a dialética do individual e do humano em geral, e, enfim, o conhecimento do conteúdo objetivo e do significado do fenômeno, da sua função objetiva e do lugar histórico que ela ocupa no seio do corpo social[107]. Para tanto, utiliza-se a perspectiva proposta por Kosik para a compreensão da realidade relacionada à inclusão das pessoas com deficiência.

Kosik afirma que é necessária "a minuciosa apropriação da matéria, pleno domínio do material, nele incluídos os detalhes históricos aplicáveis e disponíveis"[108]. Sobre esse primeiro aspecto, é imprescindível a coleta de dados que envolvem a temática das políticas públicas de inclusão escolar na modalidade da educação especial por meio de dados e documentos, como as pesquisas oficiais dos órgãos governamentais: Instituto Nacional de Estudos e Pesquisas Educacionais Anísio Teixeira (Inep), Ministério da Educação (MEC), prefeituras. Também importa explicitar os meandros do controle social e público da gestão da modalidade da educação especial, do financiamento, como o Fundo Nacional de Desenvolvimento da Educação Básica (Fundeb), o Fundo Municipal de Educação (FME) etc. Por fim, cabe mencionar a organização do sistema de ensino, seja pela base territorial que ocupa, seja pelas formas com que se desenvolve.

A segunda etapa consiste na análise de cada forma de desenvolvimento do próprio material[109]. Nesse aspecto, faz-se necessário entender como se manifestam, num município paranaense, os diversos aspectos educacionais que implicam diretamente no presente objeto de estudo, como o Atendimento Educacional Especializado (AEE), materializado nas Salas de Recursos Multifuncionais (SRM)[110] e nos Centros Municipais de Atendimento Educacional Especializado (CMAEE), estabelecendo-se a quantidade e a localização desses espaços e dos alunos atendidos, além de questões como a acessibilidade e a permanência.

O autor propõe também uma investigação da coerência interna, isto é, a sistematização das várias formas de desenvolvimento[111]. Essa fase tem por objetivo verificar as contradições e os aspectos coerentes encontrados

---

[107] *Ibidem*, p. 61.
[108] *Ibidem*, p. 37.
[109] *Ibidem*, p. 37.
[110] BRASIL. Ministério da Educação. Programa de implantação de salas de recursos multifuncionais - 2008. [Brasília, DF: MEC, 2008].
[111] KOSIK, 1976, p. 37.

na modalidade de educação especial na ótica da inclusão escolar. São identificadas as dificuldades apresentadas no processo de inclusão e que não são avaliadas pelo poder público diretamente ou pelos órgãos criados por este, tampouco pelos órgãos colegiados, propondo-se possibilidades de superação.

Ao informar que a realidade da pseudoconcreticidade deve ser destruída para que se atinja a totalidade concreta, Kosik faz a distinção entre fenômeno e essência das coisas. O fenômeno é a superfície, a aparência. A essência é a coisa em si. Para ele, não se pode negar um ou outro. "O fenômeno indica a essência, mas, ao mesmo tempo, a esconde"[112]. Para o autor, captar o fenômeno da coisa significa descrever como a coisa se manifesta naquele fenômeno. Como a essência é ocultada, o homem deve buscá-la, mas é preciso esforço para isso. Para conhecer, é preciso fazer a decomposição do todo, fazer a separação da essência e do fenômeno, buscando-se a coerência interna e o caráter específico de cada coisa.

Já nosso caráter qualitativo "procura captar a situação ou fenômeno em toda a sua extensão"[113]; é relevante, por considerar que tudo pode ser quantificável, e pode-se traduzir em números as informações que serão classificadas e analisadas[114]. Assim, a pesquisa que parte da realidade das políticas públicas educacionais inclusivas no município de Araucária deve, necessariamente, averiguar a práxis do modelo da educação especial inclusiva. Ademais, este estudo também tem caráter descritivo, pois visa mostrar as políticas implantadas no município em análise. A pesquisa é ainda documental, no que se refere à coleta de materiais fornecidos pela Secretaria de Educação Municipal de Araucária, buscando evidenciar informações quanto ao atendimento de alunos com deficiência.

## Conselhos no exercício do controle social

Os conselhos são instituições públicas de mediação entre o Estado e a sociedade. A relação sociedade civil e Estado, segundo Evelina Dagnino, é um processo contraditório e fragmentado que elimina "qualquer possibilidade de conceber a sociedade civil como demiurgo[115] de aprofunda-

---

[112] Ibidem, p. 16.
[113] ALVES-MAZZOTTI, A. J.; GEWANDSZNAJDER, F. **Os métodos nas ciências sociais e naturais**: pesquisa quantitativa e qualitativa. São Paulo: Thomson, 2003. p. 53.
[114] Gil (2002).
[115] De acordo com o Dicionário Online de Português, "demiurgo" significa "o nome do deus criador, na filosofia platônica". Por extensão, a palavra também designa qualquer ser que represente uma divindade. Disponível em: https://www.dicio.com.br/demiurgo/. Acesso em: 31 jan. 2017.

mento democrático". Também o Estado não pode ser visto desse modo, já que sua estrutura permanece ligada ao desenho autoritário "largamente intocado e resistente aos impulsos participativos"[116].

O impacto da sociedade civil sobre o desempenho do Estado é uma tarefa que não pode se apoiar num entendimento abstrato dessas categorias como compartimentos separados, mas precisa contemplar aquilo que as articula e as separa, incluindo aquilo que une e opõe as diferentes forças que integram os conjuntos de interesses expressos em escolhas políticas[117].

No processo de construção de identidades coletivas, as mobilizações sociais desenvolvem-se por meio da legitimação (introdução por instituições dominantes visando a expansão ou racionalização da sua dominação), da resistência (criada por atores sociais desvalorizados socialmente pela dominação visando sobrevivência) e de projeto (atores sociais lutando pela construção de identidade com o intuito de redefinir a posição assumida na sociedade). O objetivo é garantir que a nova identidade possibilite transformações estruturais para transformação da sociedade civil, incluindo enfrentamento e interlocução com o Estado.

Quanto à tipologia dos movimentos sociais, Cabral Filho e Ferreira[118] indicam a existência de dois tipos principais: os conservadores, que buscam a imposição de interesses particulares pela força e pela violência como os movimentos nacionalistas, raciais e religiosos; e os progressistas, mirando soluções mediante diagnóstico da realidade social para a construção de propostas enquanto atuam em rede por meio da articulação de ações coletivas para resistir ao processo de exclusão.

Nesse contexto, Nogueira[119] aponta a necessidade da valorização da sociedade civil e a exaltação em seu crescente protagonismo, na busca de sua politização e libertação dos vínculos reducionistas e repressivos de interesses particulares. A sociedade civil tem condições de captar e tematizar problemas e de exercer um papel crítico e propositivo, apesar das restrições e barreiras que lhe são impostas[120].

---

[116] DAGNINO, E. Sociedade civil, espaços públicos e a construção democrática no Brasil: limites e possibilidade. *In*: DAGNINO, E. (org.). **Sociedade civil e espaços públicos no Brasil**. São Paulo: Paz e Terra, 2002. p. 279-301. p. 279.

[117] *Ibidem*, p. 282.

[118] CABRAL FILHO; FERREIRA, 2013.

[119] NOGUEIRA, M. A. Sociedade civil: entre o político-estatal e o universo gerencial. **Revista Brasileira de Ciências Sociais**, São Paulo, v. 18, n. 58, p. 185-202, jun. 2003.

[120] TEIXEIRA, S. M. Descentralização e participação social: o novo desenho das políticas sociais. **Revista Katálysis**, Florianópolis, v. 10, n. 2, p. 154-163, jul./dez. 2007. p. 52.

Assim, entendendo que os conselhos são canais participativos e que devem trabalhar numa perspectiva efetivamente emancipadora, popular e democrática, este capítulo analisa como se estabelecem histórica e estruturalmente os Conselhos Municipais de Educação, os Conselhos Escolares e o Conselho de Direito da Pessoa com Deficiência, lembrando que

> **Todos são iguais perante a lei e têm direito, sem qualquer distinção, a igual proteção da lei.** Todos têm direito a igual proteção contra qualquer discriminação que viole a presente Declaração e contra qualquer incitamento a tal discriminação.[121]

O cidadão, individualmente ou em grupo, tem direito à participação social, visando suprir demandas formadas por lacunas na formulação, no desenvolvimento e na fiscalização de determinadas políticas públicas. Nesse cenário, os conselhos emergem como espaços públicos compostos por representantes do Estado e da sociedade, fornecendo espaço para a participação da população, que poderá opinar e exigir direitos na consecução e na elaboração de políticas públicas.

Mas a participação democrática da sociedade pela inserção social dentro dos conselhos de complexa concretização, em face da eventual alienação da sociedade quanto a direitos cidadãos. O que cabe questionar é se a sociedade está ciente de que os conselhos se tornaram o espaço a que tem direito e onde pode exercer ação. Também é possível questionar se tem conhecimento da dimensão de sua contribuição na formulação de políticas públicas, seja qual for essa dimensão. Por fim, cabe verificar se a participação nesse espaço qualifica o papel da sociedade na concretização da equalização e da isonomia de direitos.

O controle social, tomando por base sua essência sociológica[122], só poderá ocorrer quando forem fornecidos mecanismos estabelecedores da ordem social, os quais instruem a sociedade, submetendo-a a exercer determinados padrões sociais. Quando uma pequena parcela populacional se encontra no poder, há a necessidade da criação de espaços pluralistas, com integrantes da sociedade de todos os segmentos. Para se ter a elaboração de políticas públicas justas e igualitárias, é fundamental, então,

---

[121] ORGANIZAÇÃO DAS NAÇÕES UNIDAS (ONU). **Declaração universal dos direitos do homem**. Aprovada pela Assembleia Geral das Nações Unidas em 10 de dezembro de 1948. [S. l.: s. n.], 1943.

[122] MANNHEIM, K. **Sociologia sistemática**: uma introdução ao estudo de sociologia. 2. ed. São Paulo: Pioneira, 1971.

a ação participativa da sociedade, a qual fiscalizará e exigirá medidas preventivas e corretivas das políticas públicas implementadas. E isso se dará pela ação dos conselhos.

Além dos conselhos de controle profissional, com natureza jurídica autárquica (e que não são objeto de nosso estudo) há conselhos que não exercem necessariamente papel fiscalizador, embora possam fazê-lo. Normalmente estes têm natureza deliberativa, normativa e consultiva. Entre os primeiros conselhos, no âmbito do Estado, estão os conselhos de assistência social, educação, saúde, previdência social, direitos da criança e do adolescente, de habitação. Alguns conselhos são criados para fins específicos dentro de outras áreas, como o Conselho Tutelar, o Conselho de Acompanhamento e Controle Social do Fundeb etc.

Todas essas colocações demonstram que o caminho a ser seguido para a qualificação do processo de inclusão escolar dos alunos com deficiência no município paranaense estudado passa pela participação popular via conselhos, que surgem então como elementos transformadores da relação Estado/sociedade como participação efetiva, tendo base legal, ampliando e reordenando essas relações, com o objetivo de implementar as políticas educacionais do município. Os conselhos possibilitam a descentralização de fato, proporcionando o debate e a busca de soluções locais.

O objetivo da participação popular por meio dos conselhos relaciona-se à democratização da educação e vincula-se à reivindicação ao acesso universal e equânime a todos os bens e serviços. Os conselhos podem ser enfocados como componentes de uma reforma democrática do Estado, devendo, portanto, seu desempenho como canal participativo ser debatido conforme os efeitos que provocam sobre a vida social, especialmente sobre o funcionamento estatal.

Nesse contexto, refere-se que a contribuição dos conselhos para a democratização do ensino para as PcDs se dá em dois eixos: no âmbito do Estado e no âmbito da sociedade. No primeiro, produz maior responsabilidade pública aos governos; e, no segundo, possibilita a emergência de novos sujeitos políticos e identidades coletivas.

Sendo assim, trazemos o contexto dos conselhos do município de Araucária, apresentando seus reais problemas de organização e funcionamento, assim como sua atuação na normatização, deliberação e fiscalização da política da modalidade de educação especial, considerando o contexto da política e do sistema educacional do município. Para isso, é necessário expor a contextualização histórica e social das teorias sobre políticas públicas, abrangendo a formação e o funcionamento do Estado enquanto arena de embates e contradições.

O debate sobre políticas públicas tornou-se mais relevante nas últimas décadas, segundo Souza[123], em face de três fatores: a adoção global de políticas restritivas de gastos abrangendo principalmente países em desenvolvimento; o surgimento de nova visão sobre o papel dos governantes em substituição à das políticas keynesianas, exigindo no ajuste fiscal orçamentos equilibrados e maior restrição à intervenção estatal na economia e nas políticas sociais; e, por fim, a aplicação inadequada de políticas públicas, comprometendo a inclusão social nos países em desenvolvimento, principalmente na América Latina.

Nossa discussão, apoiada em Nicos Poulantzas e abrangendo principalmente o papel dos governos (Estado)[124] no processo de definição e implementação, traz a ação do Estado, tendo como referência a observância das pressões dos grupos sociais de interesse no jogo entre as instituições e a sociedade civil. As teorias apresentadas buscam fundamentação para a observação analítica da práxis que se deu na interação com sujeitos e instituições na territorialidade de Araucária. A pesquisa de campo proporcionou exposição de certas questões estruturais, como falta de clareza quanto aos mecanismos de gestão, financiamento e organização da educação e da educação especial, quer nos campos nacional e estadual, quer no municipal.

Ressalva-se que a estrutura dos conselhos municipais estudados e a relação com os demais agentes na área de educação muitas vezes não são incentivadas pela gestão governamental, que pode ver nesses espaços ameaças a seus objetivos políticos e ideológicos.

Sobre a discussão da origem, das funções e a influência dos conselhos na modalidade de educação especial, constatou-se que estes foram criados visando efetivar a participação democrática da sociedade, tornando-se canais participativos numa perspectiva emancipadora, popular e democrática.

Em relação à mediação efetuada entre conselhos, sociedade e Estado, é primordial expor, conforme a noção de classes sociais de Nicos Poulantzas[125], o materialismo histórico, que abrange a dominância do modo de

---

[123] SOUZA, 2006.
[124] POULANTZAS, N. **Poder político e classes sociais**. São Paulo: Ed. Martins Fortes, 1977.
[125] Ibidem.

produção capitalista. É indiscutível a luta em estado velado, cujos conflitos não se caracterizam em contradições propriamente ditas, mas oriundas do paradigma estigmático da evolução histórico-social da educação da pessoa com deficiência. Paradigma esse envolvendo não só as questões de gestão das políticas públicas, senão a própria conscientização da sociedade quanto aos Direitos Humanos e o fornecimento da igualdade de oportunidades a todos os cidadãos.

Inexiste, no Brasil, coesão social quanto à questão isonômica de direitos. As práticas sociais ainda se encontram nas mãos das classes dominantes, devido à ação deficitária e ineficaz dos agentes-suportes, os quais não se constituem legitimamente em "forças sociais".

Para Poulantzas[126], existe indeterminação nas práticas sociais dependentes da "ação combinada das forças sociais". Há necessidade de instigar a sociedade em prol da efetiva garantia de direitos e de oportunidades, visando informar todos os cidadãos da existência de injustiças e barbaridades sociais contra a PcD, impetradas por um ranço burocrático e pela omissão participativa de toda a sociedade.

Nesse cenário, o palco inicial do embate entre as classes dar-se-ia nos conselhos, os quais deveriam fiscalizar e mediar as demandas levantadas pela sociedade junto ao Estado, efetuando uma constante pressão para solucionar os conflitos existentes.

No município de Araucária, a história do Conselho Municipal de Educação é recente, sendo criado em 2004, possuindo caráter deliberativo, normativo e consultivo. Existem discrepâncias das informações do observatório do Plano Nacional de Educação. (PNE) e o regimento interno do CME: a esfera federal afirma que o CME do município em estudo não acompanha as questões pedagógicas, administrativas e financeiras do sistema de ensino municipal, embora o regimento interno aponte para o padrão estabelecido pelo Conselho Nacional de Educação. Entretanto, observa-se, em face da recente criação, a necessidade de uma maior conscientização e adequação do seu papel na educação e maior autonomia, de acordo com a lei municipal.

No CME, a fiscalização, enquanto instrumento de controle e execução da política de educação inclusiva, é subvertida em mera regularização de serviços de apoio da modalidade, o que contradiz as tendências nacionais pela inclusão das pessoas com deficiência na rede de ensino regular.

---
[126] *Ibidem*, p. 94.

Da mesma maneira, a imobilidade evidencia que o CME não exerce sua função social de participação na formulação de estratégias das políticas de inclusão das PcDs.

Entretanto, pode-se dizer, conforme as entrevistas com os conselheiros escolares, do Conselho Municipal de Desenvolvimento (Comude) e do relato da presidente do CME, que há interesse, embora distante, em qualificar os debates e promover melhorias na qualidade da educação das pessoas com deficiência em Araucária.

O controle social sobre políticas para as PcDs está longe de ser realidade. Percebe-se que secretarias determinam as ações; e os conselhos, muitas vezes, atuam de maneira protocolar, agindo como instâncias legitimadoras das decisões do Estado.

Os Conselhos Escolares, por sua vez, ainda não foram totalmente implantados, estando a comunidade local e escolar sem o conhecimento da possibilidade de maior participação na organização e na gestão administrativa e financeira do sistema municipal de ensino. Consequentemente, pode-se inferir de forma conclusiva a existência de deficiências na participação democrática da sociedade devido a falhas no processo de formação desses conselheiros.

A pesquisa documental sobre a educação do município de Araucária bem como a organização da modalidade de educação especial naquela localidade apontam para a influência do poder econômico nas ações do Conselho Municipal de Educação, principalmente no ano de 2008, quando foi elaborado o Parecer 9/2008, que descontextualizou a política de educação inclusiva vigente no país, priorizando o atendimento específico em espaços segregados em detrimento da inserção das alunos com deficiência no ensino regular. Talvez essa mudança de orientação quanto à política municipal tenha relação com outros interesses, que, nesse caso, acabam por instalar um sistema excludente e segregador.

As propostas educacionais das pessoas com deficiência não são levadas para avaliação dos Conselhos Escolares, tampouco do Comude, ficando restritas ao CME. Nesse contexto, fica claro o desafio concreto que é a participação da sociedade civil organizada nesses espaços, para além da formalidade de representação. Os conselhos devem ser espaços de proposição, mas também necessitam ter ciência do papel fiscalizador que deveriam exercer. O conhecimento puro e simples não provoca o questionamento. É pressuposto, para o exercício do controle social, que haja questionamento quanto às práticas dos próprios conselhos, até mesmo na oferta de formação para seus membros.

A pesquisa de campo demonstrou, em relação ao orçamento destinado à escolarização das PcDs, que alguns conselheiros entrevistados desconhecem como se dá o repasse e a destinação de verbas para inclusão nas escolas e Centros Municipais de Educação Infantil (CMEIs), seja por meio de recursos por programas governamentais como as SRM e o Escola Acessível, entre outros, seja pelo repasse direto de recursos municipais para esse fim, dificultando ainda mais o controle social.

A falta de informação dos entrevistados é agravada pelo desconhecimento sobre a população de crianças e adolescentes com deficiência no município. Não estando cientes, também ficam preteridas suas necessidades, aumentando a responsabilidade dos agentes sociais no que se refere a assegurar o acesso e a permanência dessa população nas unidades educacionais públicas.

Os dados relativos a organização, financiamento e atendimento da rede municipal de ensino corroboram a necessidade de os conselhos de Araucária colocarem em suas agendas o controle social das políticas existentes, pois as constantes transformações pelas quais passa a sociedade requerem significativo entendimento do processo de humanização, no qual, por meio das múltiplas relações, busca-se a participação efetiva de todas as pessoas em todos os espaços sociais.

No que se refere aos recursos físicos, é importante ressaltar que o conceito de inclusão apresenta íntima relação com outros, o de acessibilidade e justiça social.

A busca pela acessibilidade ocorre na medida em que as pessoas ocupam os espaços, até que se desenvolva a consciência de que é o meio que deve ser adaptado às condições das pessoas, e não o oposto. Para o atendimento dos padrões mínimos estabelecidos com respeito à acessibilidade, deve ser realizada a adaptação de todas as unidades educacionais, condicionada ao preenchimento dos requisitos de infraestrutura definidos na autorização de construção e funcionamento de novas unidades educacionais.

A inclusão vem se tornando uma realidade. A escola, espaço privilegiado da execução das políticas de inclusão, deve observar criteriosamente a legislação pertinente: a Lei Brasileira de Inclusão, ainda que guarde resquícios do sistema segregado de educação especial, aponta para ampliação do espaço para pessoas com deficiência, tanto na escola como na sociedade. A Portaria 243/2016[127], por sua vez, vai ao encontro do princípio de controle social, estabelecendo critérios de avaliação das unidades educacionais de educação especial, o que pode garantir condições mínimas de inclusão, desde que os responsáveis pela avaliação, os conselhos, utilizem esta ferramenta para pôr em prática o controle social e, ao mesmo tempo, a participação social na administração das políticas públicas e dos serviços públicos.

A discussão sobre educação, inserida no contexto social, revela que as desigualdades e as injustiças sociais se aprofundam. As diversas concepções trazidas para a sociedade, como a de homem, a de sociedade, a de educação, a de formação, a de gestão etc., continuam sendo embasadas pela lógica do mercado, fortalecendo a exclusão social. Esse conjunto de valores que permeiam a educação é oriundo dessa lógica perversa. A educação foi construída historicamente numa perspectiva de exclusão, percebida por meio de mecanismos de evasão e repetência, de programas de aceleração, de correção de fluxo idade-série, enfim, da segregação.

Nesse sentido, mesmo que os processos de exclusão social não sejam somente das PcDs, mesmo que a compreensão das possibilidades e desafios da educação dos alunos com deficiência não se esgote no perímetro da escola, ainda assim a educação exerce função central de mediação para a vida dessas pessoas, constituindo-se em espaço do exercício de direitos e de interações significativas.

Segundo Cristo[128], o controle social é importante para o enfrentamento e materialização de estratégias de conquista de espaços periféricos, pelos quais se avança progressivamente para o centro do poder. Nesse sentido, a presença da comunidade, isto é, dos membros da sociedade, na composição dos conselhos em todos os níveis do Estado, acompanhando políticas públicas desde a formulação, até a execução e fiscalização, promove e fortalece a tese defendida neste trabalho: de que as pessoas com deficiência podem e devem ocupar todos os espaços sociais para garantir, se não a conquista, a manutenção de seus direitos.

---

[127] BRASIL. Ministério da Educação. **Portaria MEC n.º 243, de 15 de abril de 2016**. Brasília, DF: MEC, 2016.
[128] CRISTO, S. C. A. **Controle social**: uma análise de conselhos de Saúde. Curitiba: CRV, 2013.

## Considerações finais

Os conselheiros escolares, o Conselho Municipal de Educação e os conselheiros que atuam no Conselho de Direito das Pessoas com Deficiência no município paranaense carecem de possibilidades e maneiras de realizar consultas e acessar informações sobre as políticas públicas da modalidade de educação especial, pois esses elementos, certamente, contribuem e fundamentam as decisões a serem tomadas no âmbito desses conselhos, aumentando significativamente a chance de fazer melhores e mais adequadas escolhas na qualificação do processo de inclusão escolar das pessoas com deficiência.

Depreende-se deste estudo que há uma primazia da ação do Estado na criação e na gestão de políticas públicas; que a atuação dos conselhos, de acordo com os dados obtidos em Araucária, e ao mesmo tempo a sua formação adequada, é uma forma de garantir a humanização por meio do acesso a uma educação de qualidade para todas as pessoas com deficiência e o respeito a sua autonomia.

Propõe-se, assim, das considerações e análises efetuadas em todo o estudo, a necessidade de criação e implantação de programas de formação aos conselheiros sobre as políticas destinadas às pessoas com deficiência, vendo-se a necessidade de identificar e quantificar essa demanda no município, a fim de visualizar e perceber a existência e a demanda emergencial de estabelecer a isonomia de direitos, conforme proposta apresentada.

## Referências

ALVES-MAZZOTTI, A. J.; GEWANDSZNAJDER, F. **Os métodos nas ciências sociais e naturais**: pesquisa quantitativa e qualitativa. 2. ed. São Paulo: Thomson, 2003.

ANALFABETISMO funcional: sínteses de estudos e pesquisas. *In*: BRASIL LEITOR. 2[*S. l.: s. n.*], nov. 2002.

ARAUCÁRIA. **Lei n.º 2848/2015**. Dispõe sobre o plano municipal de educação, suas diretrizes, execução e metas. Araucária: Prefeitura Municipal, 2015.

ASSOCIAÇÃO DOS MUNICÍPIOS DO PARANÁ. **Os recursos financeiros da educação e o Fundeb**. [*S. l.: s. n.*], [2014].

BONAT, D. **Representação e participação políticas**: a crise do modelo liberal e sua reestruturação através da democracia participativa. 2004. Dissertação (Mestrado em Direito) – Ufsc, Florianópolis, 2004.

BRASIL. [Constituição (1988)]. **Constituição da República Federativa do Brasil de 1988**. Brasília, DF: Presidência da República, 1988. Disponível em: https://www.planalto.gov.br/ccivil_03/constituicao/constituicao.htm. Acesso em: 19 mar. 2024.

BRASIL. **Balanço de governo**: Brasil 2003 a 2010. Brasília, DF: Presidência da República, 2010.

BRASIL. **Convenção sobre os Direitos das Pessoas com Deficiência**: Protocolo Facultativo à Convenção sobre os Direitos das Pessoas com Deficiência: decreto legislativo n.º 186, de 09 de julho de 2008: decreto n.º 6.949, de 25 de agosto de 2009. 4. ed. rev. e atual. Brasília, DF: Secretaria de Direitos Humanos, Secretaria Nacional de Promoção dos Direitos da Pessoa com Deficiência, 2011.

BRASIL. **Lei n.º 9.394, de 20 de dezembro de 1996**. Estabelece as diretrizes e bases da educação nacional. Brasília, DF: Presidência da República, 1996. Disponível em: http://www.planalto.gov.br/ccivil_03/Leis/L9394.htm. Acesso em: 19 mar. 2024.

BRASIL. Ministério da Educação. **Diretrizes nacionais para a educação especial na educação básica**. Brasília, DF: MEC, 2001.

BRASIL. Ministério da Educação. **Evolução da educação especial no Brasil**. [Brasília DF: MEC, 2014].

BRASIL. Ministério da Educação. **Fortalecimento dos conselhos escolares**. Brasília, DF: MEC, c2014.

BRASIL. Ministério da Educação. **Portaria MEC n.º** 243, de 15 de abril de 2016. Brasília, DF: MEC, 2016.

BRASIL. Ministério da Educação. **Programa de implantação de salas de recursos multifuncionais - 2008**. [Brasília, DF: MEC, 2008].

BUCCIO, M. I. S. S. **Políticas públicas de educação inclusiva**: a implementação em escolas públicas no município de Araucária – PR. 2007. Dissertação (Mestrado em Educação) – UTP, Curitiba, 2007.

BUCCIO, M. I.; BUCCIO, P. A. **Educação especial**: uma história em construção. Curitiba: IBPEX, 2008.

CABRAL FILHO, A. V.; FERREIRA, G. Movimentos sociais e o protagonismo das pessoas com deficiência. **SER Social**, Brasília, v. 15, n. 32, p. 93-116, jan./jun. 2013.

CORBELLINI, G. Convenção dos Direitos da Criança - Direito de Todos. *In*: OBSERVATÓRIO DO GOVERNO ELETRÔNICO. [*S. l.*: *s. n.*], 14 maio 2012.

CRAVEIRO, C. B. A.; MEDEIROS, S. (org.). **Diretrizes curriculares nacionais para a educação básica**: diversidade e inclusão. Brasília, DF: Conselho Nacional de Educação, Ministério da Educação, Secretaria de Educação Continuada, Alfabetização, Diversidade e Inclusão, 2013.

CRISTO, S. C. A. **Controle social**: uma análise de conselhos de Saúde. Curitiba: CRV, 2013.

DAGNINO, E. Sociedade civil, espaços públicos e a construção democrática no Brasil: limites e possibilidades. *In*: DAGNINO, E. (org.). **Sociedade civil e espaços públicos no Brasil**. São Paulo: Paz e Terra, 2002. p. 279-301.

FUNDO DAS NAÇÕES UNIDAS PARA A INFÂNCIA (UNICEF). **Situação mundial da infância 2013**: crianças com deficiência. Nova York: Unicef, maio 2013.

GIL, A. C. **Como elaborar projetos de pesquisa**. 4. ed. São Paulo: Atlas, 2002.

GOHN, M. G. **Conselhos gestores e participação sociopolítica**. 2. ed. São Paulo: Cortez, 2003.

GONÇALVES, D. S. **O panóptico de Jeremy Bentham**: por uma leitura utilitarista. São Paulo: Blucher Acadêmico, 2008.

GONÇALVES, G. S.; PEREIRA, L. F. C.; STRAPAZZON, C. L. (coord.). **Direito eleitoral contemporâneo**. Belo Horizonte: Fórum, 2008.

HEIDEMANN, F. G. Do sonho do progresso às políticas de desenvolvimento. *In*: HEIDEMANN, F. G.; SALM, J. F. (org.). **Políticas públicas e desenvolvimento**: bases epistemológicas e modelos de análise. Brasília, DF: EdUnB, 2013. p. 21-39.

KOSIK, K. **Dialética do concreto**. 5. ed. Rio de Janeiro: Paz e Terra, 1976.

MACHADO, L. M. O. **Controle social da política de assistência social**: caminhos e descaminhos. Porto Alegre: EdiPUCRS, 2012.

MANNHEIM, K. **Sociologia sistemática**: uma introdução ao estudo de sociologia. 2. ed. São Paulo: Pioneira, 1971.

MARX, K. **Teses sobre Feuerbach**. Lisboa; Moscovo: Edições Progresso, 1982. Originalmente publicada em 1845.

MARX, K.; ENGELS, F. **Textos sobre educação e ensino**. 2. ed. São Paulo: Moraes, 1992.

MAZZOTA, M. J. S. **Educação especial no Brasil**: histórias e políticas públicas. São Paulo: Cortez, 1996.

NOGUEIRA, M. A. Sociedade civil: entre o político-estatal e o universo gerencial. **Revista Brasileira de Ciências Sociais**, São Paulo, v. 18, n. 58, p. 185-202, jun. 2003.

ORGANIZAÇÃO DAS NAÇÕES UNIDAS (ONU). **Declaração universal dos direitos do homem**. Aprovada pela Assembleia Geral das Nações Unidas em 10 de dezembro de 1948. [S. l.: s. n.], 1948.

ORGANIZAÇÃO DAS NAÇÕES UNIDAS (ONU). **Fascismo e ditadura**. Tradução de João G. P. Quintela e M. Fernanda S. Granado. São Paulo: Martins Fontes, 1978.

POULANTZAS, N. **L'Etat, le pouvoir et le socialisme**. Paris: Press Universitaires de France, 1978.

POULANTZAS, N. **O Estado, o poder, o socialismo**. 3. ed. Rio de Janeiro: Graal, 1990.

POULANTZAS, N. **Poder político e classes sociais**. São Paulo: Ed. Martins Fontes, 1977.

SASSAKI, R. K. Os dez anos da Convenção sobre os Direitos das Pessoas com Deficiência. *In*: DIVERSA, EDUCAÇÃO INCLUSIVA NA PRÁTICA. [S. l.]: Instituto Rodrigo Mendes, 22 dez. 2016.

SAVIANI, D. **Escola e democracia**. São Paulo: Autores Associados, 1995.

SAVIANI, D. **Pedagogia histórico-crítica**: primeiras aproximações. 11. ed. Campinas: Autores Associados, 2011.

SAVIANI, D. *et al.* **O legado educacional do século XX no Brasil**. Campinas: Autores Associados, jul. 2017. *E-book*.

SECCHI, L. **Políticas públicas**: conceitos, esquemas de análise, casos práticos. 2. ed. São Paulo: Cengage Learning, 2013.

SOUZA, C. Políticas públicas: questões temáticas e de pesquisa. **Sociologias**, Porto Alegre, ano 8, n. 16, p. 20-45, jul./dez. 2006.

TEIXEIRA, S. M. Descentralização e participação social: o novo desenho das políticas sociais. **Revista Katálysis**, Florianópolis, v. 10, n. 2, p. 154-163, jul./dez. 2007.

# 3

# AVALIAÇÃO DO PROGRAMA DE COOPERAÇÃO INTERNACIONAL CAPES/COFECUB 2013-2022

*Angela Mara Sugamosto Westphal*
*Helena Cristina Carneiro Cavalcanti De Albuquerque*

## Introdução

A política de cooperação internacional nas universidades brasileiras não é um tema recente. O processo de internacionalização, ao longo do tempo, apresentou diferentes configurações, motivadas por fatores internos e externos, que influenciaram a criação de programas de cooperação e elaboração de suas políticas de internacionalização. Essa cooperação vem se mostrando um forte instrumento de consolidação e fortalecimento das conexões entre os sistemas de pós-graduação e pesquisa da educação, bem como de qualificação de pessoal, por meio do intercâmbio de estudantes, pesquisadores e docentes nos projetos conjuntos de pesquisa[129]. Nesse contexto, a internacionalização surge como uma estratégia para desenvolver vínculos políticos e econômicos e consolidar o Brasil como potência emergente no cenário mundial.

Esse cenário reflete ainda uma tendência fortalecida pelas políticas públicas brasileiras, as quais buscam satisfazer as exigências do capital, uma vez que sua internacionalização é historicamente e fortemente influenciada pelo Estado[130]. O atual cenário da educação superior e da pesquisa brasileira conta com o apoio de algumas agências de fomento, como a Coordenação de Aperfeiçoamento de Pessoal de Nível Superior (Capes), o Conselho Nacional de Desenvolvimento Científico e Tecnológico (CNPq) e as Fundações de Amparo à Pesquisa (FAPs), que atuam com acordos de

---

[129] SILVA, S. M. W.; ROCHA NETO, I. Programas de cooperação internacional da Capes: revisão e perspectivas. **Enciclopédia Biosfera**, Goiânia, v. 8, n. 14, p. 2.094-2.109, 2012.

[130] CRUZ, Viviane Xavier de Araújo; EICHLER, Marcelo Leandro. Bolsas CAPES de mobilidade acadêmica internacional 1952-2019: um estudo a partir dos contextos de internacionalização da educação superior. **Revista Brasileira de Pós-Graduação**, Brasília, DF, v. 17, n. 37, p. 1-25, 2021.

cooperação institucionais para capacitar recursos humanos à docência acadêmica, bem como para formar profissionais e apoiar a formação de pesquisadores para as instituições brasileiras. Logo, o interesse em investir em conhecimento e informação ampliou as fronteiras (era quase que exclusivamente estatal) e passou a ser visto no prisma de empresa privada, voltado à economia de mercado em um mundo globalizado[131].

A Cooperação Internacional da Capes apoia os grupos de pesquisa brasileiros por meio do intercâmbio internacional, buscando a excelência da pós-graduação. A principal atividade dessa cooperação dá-se por meio de acordos bilaterais, programas que fomentam projetos conjuntos de pesquisa entre grupos brasileiros e estrangeiros. Ressalta-se, ainda, que é importante no que diz respeito à experiência do pesquisador no exterior, em uma fase inicial ou não da trajetória da pesquisa. Ela atribui aos pesquisadores novas informações e influências encontradas na cultura estrangeira, determinada em função de suas experiências anteriores[132].

Os projetos vinculados com a cooperação internacional têm como objetivo a melhoria da qualidade e da produtividade dos pesquisadores e docentes com base nos resultados e na inserção de novas questões e oportunidades de rede de pesquisas, conforme previsto no edital do Programa Capes/Cofecub. Portanto, a cooperação internacional tornou-se decisiva e imprescindível para o desenvolvimento da educação superior, da mobilidade internacional, da ciência e tecnologia dos países em desenvolvimento[133].

Em uma sociedade globalizada, o conhecimento é considerado um dos alicerces para o desenvolvimento sustentável dos países, e, nesse contexto de transformações, as universidades têm investido em processos de internacionalização, extrapolando fronteiras, tornando-se peça-chave na dinâmica de cooperação e produção científica entre as nações e seus respectivos mercados[134]. Portanto, torna-se evidente a importância de uma internacionalização que não se restrinja à realização de atividades de intercâmbio ou à participação em eventos globais, como conferên-

---

[131] MARTELETO, R. M. A pesquisa em ciência da informação no Brasil: marcos institucionais, cenários e pesquisas. **Perspectiva em ciência da informação**, volume 14, número especial, p.19-40, 2009

[132] ZULL, J. E. The brain, learning, and study abroad. *In*: VANDE BERG, M.; PAIGE, M.; LOU, K. H. (ed.). **Student learning abroad**. Virginia: Stylus Publishing, 2012. p. 162-187.

[133] 133 NEVES, A. A. B. **A cooperação acadêmica na América Latina e Europa**. Palestra proferida na Conferência AlBan, 1., 13 e 14 de maio de 2005, Valencia

[134] MOROSINI, M. C.; DALLA CORTE, M. G. Teses e realidades no contexto da internacionalização da educação superior no Brasil. **Revista Educação em Questão**, Natal, v. 56, n. 47, p. 97-120, jan./mar. 2018

cias e seminários. É crucial que as Instituições de Ensino Superior (IES) avancem em direção à implementação de uma política de internacionalização focada em "aspectos de interconexão entre o ensino, a pesquisa e a extensão, reconhecendo as capacidades do país de origem e dos países parceiros nos processos de colaboração internacional"[135].

Não obstante, os resultados do processo de internacionalização das universidades, de maneira geral, necessitam de avaliação, assim como os resultados de cooperação e movimento de integração entre os países. Diante dessa relevância, um dos grandes desafios da gestão pública é conceber sistemas de avaliação que permitam não só o acompanhamento das ações dos diversos programas, mas que forneçam indicadores de qualidade para todo o processo, da concessão, da implementação, incluindo as fases de planejamento, execução e resultado de um projeto. Essa iniciativa tem-se dado em grande medida por meio da Capes.

Pela relevância das atividades que compõem a cooperação internacional, é primordial realizar a avaliação desses programas, pois é um importante instrumento de melhoria da qualidade, de gestão e monitoramento. E, ao se avaliar um programa institucional, um fator que se torna prioritário é mensurar a capacidade científica e tecnológica que se obteve com a mobilidade dos pesquisadores, bem como se os recursos recebidos para realizar as pesquisas foram utilizados de forma eficaz.

Para se mensurar e consequentemente avaliar as políticas públicas, é preciso criação de indicadores de desempenho apropriados. Dessa forma, pode-se conhecer se o programa ou política está alcançando os objetivos propostos. Os indicadores são ferramentas que possibilitarão verificar possíveis oportunidades de melhorias nas políticas públicas.

Apresentado este cenário, neste capítulo propomos quatro pontos principais. Primeiro, traz-se uma breve contextualização deste estudo, elencando os objetivos, a metodologia, as diferentes ferramentas utilizadas na articulação dos métodos quantitativos e qualitativos. O trabalho descritivo-analítico utilizou-se de dois instrumentos para investigação dos dados: Plataforma Currículo Lattes e plataformas SciVAL[136]. Foram

---

[135] *Ibidem*, p. 114.
[136] O SciVal é uma plataforma que apresenta uma série de métricas da produção científica, permitindo visualizar o desempenho da produção acadêmica conforme métricas de grupos de pesquisa ou programas de pós-graduação. Produzido pela editora Elsevier, possui como fonte a base de dados bibliográfica Scopus. A solução modular da SciVal fornece acesso a dados de desempenho de pesquisa de mais de 24 mil instituições de pesquisa e seus pesquisadores associados, baseados em mais de 230 países em todo o mundo.

apreciados os dados disponíveis na Plataforma Lattes dos coordenadores de projetos financiados entre 2013 e 2022. Este texto tomou como base a pesquisa realizada na tese de doutorado intitulada "Avaliação do Programa Institucional de Cooperação Internacional: Capes-Cofecub - 2012 a 2019"[137].

No segundo ponto, discorre-se sobre o processo de internacionalização da educação superior, fazendo uma revisão histórica acerca de seus encadeamentos, bem como relatando as influências internacionais na construção desse processo. Mostram-se informações sobre os primeiros acordos de cooperação com outros países, identificando nortes estratégicos para a base da cooperação brasileira. Por fim, são apresentados o atual processo de internacionalização das universidades brasileiras, as estatísticas sobre a cooperação e parceria das instituições brasileiras com instituições de pesquisa e educação internacional.

Já no terceiro ponto, é apresentado um breve histórico do Programa Capes/Cofecub, detalhando desde a sua criação, mudanças no decorrer dos seus 45 anos de existência, características do edital e processo seletivo, citando até mesmo as diretrizes e o objetivo do programa. Discorre também sobre as estatísticas dos projetos, perfil dos coordenadores, linha de pesquisa, chegando até as características do fomento das atividades desenvolvidas. Ainda nesta parte, você terá um breve histórico mundial e brasileiro da criação das políticas públicas, elencando-se suas características, principais definições e de que forma é realizada a avaliação dessas políticas, trazendo conceitos, a contextualização da avaliação e metodologia utilizada na análise.

No quarto ponto, serão abordados os resultados do levantamento e análise da qualidade da produção científica decorrente do resultado da Cooperação Conjunta obtidos por meio da pesquisa realizada nas plataformas SciVAL.

## Fundamentos teórico-metodológicos: os diferentes instrumentos para avaliar o Programa Capes/Cofecub

Neste texto, apresenta-se a análise das concepções e práticas avaliativas de políticas públicas que vêm sendo realizadas por órgãos e/ou instituições que fiscalizam a execução dessas políticas no Brasil, como

---

[137] WESTPHAL, A. M. S. **Avaliação do Programa Institucional de Cooperação Internacional**: Capes-Cofecub - 2012 a 2019. 2019. Tese (Doutorado em Educação) – PUCPR, Curitiba, 2019.

também de que forma esse processo contribui para a construção e consolidação de uma metodologia de avaliação qualitativa. A metodologia utilizada possibilitou a análise de todo o processo de concessão e fomento dos projetos do Programa Capes/Cofecub, verificando se os objetivos propostos no momento da candidatura foram alcançados, como foi o funcionamento, quais foram os entraves do programa durante a vigência e os resultados dessa política de colaboração científica conjunta.

Com base em Mainardes[138], justifica-se o uso da revisão sistemática (*systematic review*): essa alternativa é mais rigorosa que a revisão de literatura, pois busca identificar todas as evidências disponíveis sobre determinado tema, comparando-as e sintetizando os resultados de forma explícita. Para tanto, foram usadas as ferramentas da cientometria[139] para realizar análise dos dados. A cientometria utiliza a citação bibliográfica do documento científico como base para evidenciar as ligações entre cientistas e áreas do conhecimento[140]. Portanto, do ponto de vista teórico, o entendimento dos métodos bibliométricos e cientométricos no tratamento da informação científica é fundamental para a presente pesquisa.

O foco é a contextualização do objeto de avaliação no ambiente governamental, expondo as principais estratégias metodológicas utilizadas no processo de avaliação para vislumbrar os resultados globais, sua relevância, sua qualidade e, principalmente, identificando a contribuição de cada um deles no alcance dos resultados pretendidos. Para se atribuir um valor a um objeto, entretanto, há que se dispor de indicadores de desempenho e metodologias de medição próprias.

Nesse sentido, Ghelman[141] conclui de suas pesquisas que, apesar de a questão da eficiência estar inserida no discurso da melhora da gestão pública, tratando-se até mesmo de um princípio constitucional que rege a administração pública, quase a totalidade das organizações pesquisadas não possui indicadores que tratem dessa questão. Para ele, o bom anda-

---

[138] MAINARDES, J. A pesquisa no campo da política educacional: perspectivas teórico epistemológicas e o lugar do pluralismo. **Revista Brasileira de Educação** v. 23 e230034, 2018

[139] TAUBES, G. Measures for measure in science. **Science**, 260, 884-886, 1993. "A cientometria é definida como o estudo da mensuração e quantificação do progresso científico, estando a pesquisa baseada em indicadores bibliométricos".

[140] HAYASHI, C. R. M. **Presença da educação brasileira na base de dados Francis®**: uma abordagem bibliométrica. 2004. Dissertação (Mestrado em Educação) – UFSCar, São Carlos, 2004.

[141] GHELMAN, S. **Adaptando o balanced scorecard aos preceitos da nova gestão pública**. 2006. Dissertação (Mestrado em Sistema de Gestão pela Qualidade Total) – UFF, Niterói, 2006. p. 63, 69.

mento da perspectiva financeira impacta positivamente na perspectiva das pessoas e na perspectiva da modernização administrativa pública. Assim, a concepção dos processos internos de controle e de qualidade foram adaptados aos critérios da Nova Gestão Pública, devendo ser focados na eficiência das ações públicas. É por meio da racionalização dos recursos públicos que o Estado atende satisfatoriamente o contribuinte, que é obrigado a pagar impostos, fortalece a democracia e cria condições para a ampliação da prestação dos serviços públicos[142].

Este trabalho constitui-se num estudo de natureza descritiva e analítica para avaliar o resultado e relevância das políticas públicas por meio de dados reais subsidiando tomadas de decisões e debate acerca dos caminhos a serem seguidos pelo governo federal, universidades e demais atores públicos a fim de avançar no processo de internacionalização.

Ao realizar a avaliação qualitativa do projeto institucional coordenado pela Capes, um fator que se torna prioritário é mensurar a capacidade científica e tecnológica que se obteve com a mobilidade dos pesquisadores brasileiros em outros países, bem como de docentes ligados a esses projetos. Mais especificamente, conhecer se o programa atingiu um considerável crescimento consolidando, bem como a estruturação dos grupos de pesquisas para o desenvolvimento das parcerias binacionais e da internacionalização das universidades envolvidas. Entre os programas de cooperação internacional financiados pela agência, merece destaque o Programa Comitê Francês de Avaliação da Cooperação Universitária com o Brasil (Cofecub), objeto de estudo da pesquisa.

Por fim, justifica-se a relevância de realizar a avaliação, tomando como base a citação de Spink[143], quem aponta que a avaliação é utilizada como uma importante base de informação para fomentar a dinâmica da política pública, podendo até mesmo causar sua reformulação e possibilitando o exercício do direito de controle sobre a ação governamental por parte da sociedade civil.

Foi realizada a extração dos resultados das atividades acadêmicas de coordenadores de projetos, integrantes dos projetos e bolsistas que participaram do programa durante o período de 2013 a 2022. A coleta dessas informações sobre a produtividade dos integrantes dos projetos

---

[142] *Ibidem*, p. 72.
[143] SPINK, P. K. **Avaliação democrática**: propostas e práticas. Rio de Janeiro: Associação Brasileira Interdisciplinar de Aids, 2001. (Fundamentos de avaliação; n. 3).

deu-se por meio da estratificação da qualidade dessa produção, categorizada em consulta na plataforma SciVAL. A estratificação foi levada a cabo utilizando filtros, considerando o período mencionado.

Todas as publicações e atividades acadêmicas em que foi mencionado o fomento por meio do Programa Capes/Cofecub foram extraídas da plataforma SciVAL, avaliadas em vários aspectos. Durante esse período, foram publicados sete editais do programa, abrangendo em torno de 166 projetos e pesquisadores e participantes da equipe, como professor visitante e bolsistas que publicaram artigos científicos durante esse período.

Com essas informações, de modo sistemático e objetivo, é possível avaliar os principais periódicos de pesquisa do mundo. Ao avaliar as produções acadêmicas, por sua relevância e padronização internacional na avaliação dos artigos científicos, é possível, por sua vez, conhecer uma perspectiva exclusiva para avaliação e comparação de periódicos — são usadas métricas para avaliar o Fator de Impacto (FI)[144].

Por fim, buscou-se conhecer a produção conjunta entre os coordenadores do Brasil e da França. Esse levantamento, como dito, foi realizado por meio da plataforma SciVAL. A análise desses dados possibilitou verificar se as ações do projeto conjunto franco-brasileiro atenderam ao previsto nas propostas do programa, por meio da comparação dos resultados de publicações dos parceiros. Para essa análise, foram utilizados os indicadores de impacto científico, associados a métricas baseadas em publicações bibliográficas tradicionais; eles foram sintetizados em três tipos de indicadores: os indicadores de quantidade, que medem a produtividade de um determinado pesquisador; os indicadores de qualidade, que medem a qualidade ou desempenho da produção de um pesquisador; e os indicadores estruturais, que medem as conexões entre publicações, autores e áreas de pesquisa[145].

## A internacionalização da educação superior

Em uma sociedade globalizada, o conhecimento transformou-se em um poderoso mecanismo para estimular o desenvolvimento sustentável dos países. Nesse contexto, as transformações que ocorrem nas universi-

---

[144] O fator de impacto de um artigo de periódico é demonstrado de forma clara, identifica a frequência média com que um artigo de um periódico é citado em um determinado ano, e o cálculo é feito utilizando três anos de dados. O FI aponta para a avaliação quantitativa e reflete, em parte, a internacionalização da pesquisa brasileira e internacional nas áreas pesquisadas.

[145] DURIEUX, V.; GEVENOIS, P. A. Bibliometric indicators: quality measurements of scientific publication. **Radiology**, [s. l.], v. 255, n. 2, p. 342-351, 2010.

dades apresentam investimentos nos processos de internacionalização, que ocorrem com o auxílio das bases da sociedade do conhecimento, excedem suas fronteiras e transformam a essência da prática da cooperação internacional em produção de conhecimento entre as nações.

Como resultado dessas transformações da sociedade, observamos também as transformações na educação superior e o crescimento do debate acerca da internacionalização. O aumento do número de universidades ocasionou a democratização do acesso e a universalização da educação superior, em uma sociedade que tem cada vez mais acesso à informação, intercultural e interdependente; com isso, a internacionalização da educação e da produção do conhecimento amplia-se. Além disso, a ânsia pela integração regional e, portanto, a busca de padronização dos parâmetros legais dos países-membros têm como resultado a intensificação desse processo[146].

A internacionalização da educação superior não é uma discussão atual, é um dos maiores desafios propostos aos programas e políticas públicas que buscam conexão com a conjuntura mundial de educação. Antes dos anos 1990, o sentido de internacionalização, na educação superior, era o termo "educação internacional". Esse era um termo abrangente, que englobava uma série fragmentada de atividades internacionais pouco relacionadas entre si: estudo no exterior, orientação de estudantes estrangeiros, intercâmbio de estudantes e educação voltada para o desenvolvimento e estudos de áreas específicas[147].

Para Knight, internacionalização é "o processo de integração de uma dimensão internacional, intercultural ou global aos objetivos, funções e oferta da educação superior". Para a autora, existem diferentes formas de compreender o termo, a depender do foco, pois "não se limita a um determinado conjunto de atividades ou programas internacionais, tais como a mobilidade, a cooperação para o desenvolvimento, a pesquisa, o desenvolvimento curricular, ou o comércio". Ela se estabeleceria em um conjunto de respostas estratégicas à globalização[148].

---

[146] AVEIRO, T. M. M. Uma análise do Programa Capes-Cofecub entre a Coordenação de Aperfeiçoamento de Pessoal de Nível Superior e o Comité Français d'Evaluation de la Coopération Universitaire et Scientifique avec le Brésil como ferramenta de cooperação internacional. 2016. Tese (Doutorado em Desenvolvimento, Sociedade e Cooperação Internacional) – UnB; Université Paris 13, Brasília, DF; Paris, 2016.

[147] DE WIT, H. Repensando o conceito de internacionalização. **International Higher Education**, Boston, n. 70, p. 69-71, 2013. p. 69.

[148] KNIGHT, J. Internationalization remodeled: definition, approaches, and rationales. **Journal of Studies in International Education**, The Hague, v. 8, n. 5, p. 4-31, 2004. p. 11, 5.

Por se tratar de um termo polissêmico, com significados diferentes, para De Wit[149], o conceito de internacionalização "não envolve apenas a relação entre os países, e sim as relações entre culturas e entre o global e o local", a troca de informações entre estes.

A internacionalização pode ser entendida enquanto um processo amplo e dinâmico envolvendo a pesquisa e prestação de serviços para a sociedade, além de construir um recurso para tornar a educação superior responsiva aos requisitos e desafios de uma sociedade globalizada. É o estágio mais elevado das relações internacionais entre as universidades. Em termos de conceito, pode-se dividi-la em duas formas: a internacionalização passiva, na qual ocorre a mobilidade de docentes e discentes para o exterior; e a internacionalização ativa, em que o fluxo é inverso.

## O Programa Capes/Cofecub: 45 anos

Capes-Cofecub foi o primeiro programa de cooperação internacional implementado pela Capes. Na década de 1970, quando foi criado o programa, o foco era formar e fortalecer a pós-graduação brasileira, que estava em processo de consolidação. Naquele período, o Brasil carecia de capacitação de pessoal para a criação de programas de mestrado e doutorado e o desenvolvimento da ciência e tecnologia. O programa, instituído em 5 de outubro de 1978, foi precedido de uma série de iniciativas conjuntas, e é resultado de uma tradicional cooperação entre Brasil e França[150].

Por este ponto de vista, a internacionalização apoia-se principalmente nas perspectivas voltadas para o intercâmbio acadêmico, em que os processos de globalização são recorrentes e definidores de padrões de qualidade[151]. O Programa Capes/Cofecub apoia a formação de recursos humanos de alto nível no Brasil e na França nas diversas áreas do conhecimento, pelo estímulo ao intercâmbio de docentes e pesquisadores brasileiros e franceses de instituições de ensino superior e de pesquisa de ambos os países, desde que vinculados a programas de pós-graduação avaliados pela Capes, por meio de projetos conjuntos de pesquisa de duração de dois anos, podendo ser renovados por mais dois anos após

---

[149] DE WIT, 2013, p. 69.
[150] COORDENAÇÃO DE APERFEIÇOAMENTO DE PESSOAL DE NÍVEL SUPERIOR (CAPES). **Acordo Capes-Cofecub**: relatório de 1976-1982. Brasília, DF: Coordenadoria de Cooperação Internacional, 1982. Documento interno.
[151] ABBA, M. J.; STRECK, D. R. A Reforma de Córdoba de 1918 e a internacionalização universitária na América Latina. **História da Educação**, Porto Alegre, v. 25, p. 1-32, 2021.

avaliação intermediária. Esse programa incentiva e tem a tradição da cotutela[152] dos bolsistas de doutorado-sanduíche. O parceiro na França é o *Comité Français d'Évaluation de la Coopération Universitaire avec le Brésil*. Os objetivos do programa são:

- Aprofundar a cooperação entre pesquisadores e educadores de instituições no Brasil e na França;
- Contribuir para a mobilidade acadêmico-científica de discentes, docentes e pesquisadores vinculados a programas de pós-graduação nos países participantes;
- Apoiar projetos conjuntos de pesquisa desenvolvidos por grupos brasileiros e franceses;
- Promover projetos que possibilitem transferência e absorção de conhecimento, dentro de uma perspectiva crítica que produza inovação e criação;
- Incentivar a criação de redes de pesquisa;
- Promover o aperfeiçoamento de discentes e pesquisadores em fase de consolidação da carreira, por intermédio de estágios acadêmicos no exterior.

E oferece os seguintes benefícios anuais:

- Duas passagens aéreas internacionais e seguro saúde para os pesquisadores brasileiros em missão na França;
- Até 20 diárias para os pesquisadores franceses em missão de trabalho no Brasil;
- Duas bolsas de estudo para brasileiros na França, nas modalidades doutorado-sanduíche, pós-doutorado, professor visitante júnior ou professor visitante sênior;
- Recursos de manutenção dos projetos no valor de R$ 10 mil.[153]

---

[152] A cotutela de tese, ou doutoramento em regime de cotutela, é uma modalidade de realização de doutoramento que tem como característica principal a inscrição plena do doutorando em duas universidades de países distintos, e a obtenção do título de doutor em ambas as instituições (Disponível em: https://pt.wikipedia.org/wiki/Cotutela_de_tese. Acesso em: mar. 2024).

[153] BRASIL, 2024. Ministério da Educação /MEC. Programa Capes/Cofecub. Disponível em: https://www.gov.br/capes/pt-br/acesso-a-informacao/acoes-e-programas/bolsas/bolsas-e-auxilios-internacionais/encontre-aqui/paises/franca/cofecub . Acesso em: jun. 2024.

Nesses 45 anos de existência, o Capes/Cofecub já apoiou 1.013 projetos. No período de 2013 a 2023, contemplou um total de 241 projetos, promovendo colaborações acadêmicas e científicas entre o Brasil e a França.

**Número de projetos Capes/Cofecub 2013-2022**

Observa-se que, a partir do ano de 2015, as ações estratégicas sofreram uma desarticulação, com o encerramento de vários editais e a diminuição de recursos financeiros para outros. Embora tenha havido um esforço, por parte da Diretoria de Programas da Capes, para manter as ações já iniciadas, várias delas deixaram de ser apoiadas em razão do contingenciamento de recursos financeiros destinados aos programas no país. O gráfico a seguir mostra que, mesmo com esse contingenciamento de recursos, destaca-se a continuidade na concessão de projetos conjuntos de pesquisa e parcerias universitárias no âmbito dos acordos de cooperação internacional, atividades tradicionais de intercâmbio e cooperação internacional da Capes.

A partir do ano de 2020, devido à pandemia da covid-19, ocorreu uma descontinuidade de lançamento de editais e consequentemente o fomento de projetos conjuntos. Nos anos de 2020 e 2021 não houve fomento de projetos conjuntos entre o Brasil e a França, retornando-se à concessão de até trinta e cinco projetos anuais, número previsto nos editais, somente a partir ano de 2023.

Gráfico 3.1 – Número de projetos Capes/Cofecub 2013-2022

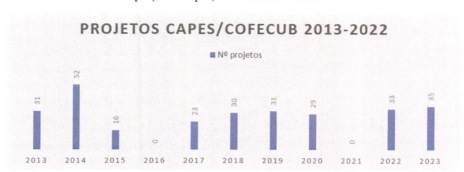

Fonte: Brasil (c2024)

## Perfil dos coordenadores principais no programa: editais de 2012 a 2022

Ao analisarmos temporalmente (1978-2022) a relação dos coordenadores[154] por gênero que receberam o fomento do Programa Capes/Cofecub para realizar suas atividades, verificou-se que, nesses 45 anos, o desequilíbrio foi constante, a média de coordenadores do sexo masculino sempre foi muito superior à de coordenadores de projeto do sexo feminino. E, recentemente, realizando um corte temporal (2013-2022), a relação dos coordenadores do sexo masculino continua o dobro em relação à do sexo feminino que recebeu o fomento para realizar suas atividades.

Gráfico 3.2 – Percentual de gênero: participantes dos Projetos Capes/Cofecub 2013-2022

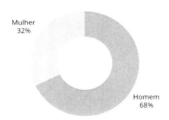

Fonte: Brasil (c2024)

Em 45 anos do programa, o desequilíbrio continua constante; a média é de 68% dos coordenadores do gênero masculino. Corroborando esse levantamento, Costa e Silva[155] citam o importante papel do monitoramento por parte da agência de fomento à ciência, bem como por parte de órgãos de ciência e tecnologia, dando relevância à distribuição por gênero nas várias formas de apoio à atividade científica e pesquisa em todas as áreas de formação acadêmica[156].

---

[154] Programa Cofecub - Dados de Projetos Capes/Cofecub de 1978-2022. Disponível em: https://www.gov.br/capes/pt-br/centrais-de-conteudo/estatisticas-capescofecub-1978-2012-pdf. Acesso em: jun. 2024.

[155] COSTA, J.; SILVA, E. The burden of gender inequalities for society. **Poverty in Focus**, Brasília, DF, n. 13, p. 8-9, jan. 2008.

[156] Não é foco deste estudo, no entanto, mas pode ser objeto de futuras pesquisas no âmbito do programa. De qualquer forma, não existe nenhuma política de discriminação positiva para mulheres no programa.

## Regiões do Brasil: IES dos coordenadores dos projetos (2013-2022)

Gráfico 3.3 – Localização das IES dos coordenadores dos projetos (2013-2022)

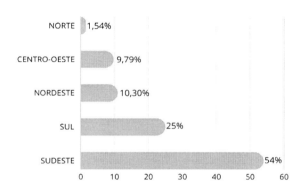

Fonte: Brasil (c2024)

Das instituições de ensino superior e/ou de pesquisa a que os coordenadores de projetos estão vinculados, na análise dos editais que foram lançados entre 2013 e 2022, observou-se que o maior número se concentra nas regiões Sudeste e Sul. E a menor concentração de coordenadores de projetos é proveniente de IES das regiões Norte e Centro-Oeste do Brasil.

## Projetos ativos: Capes/Cofecub 2023

É importante observar que os projetos têm a duração máxima de quatro anos. O edital, depois de lançado, inicia as atividades somente no próximo ano; dessa forma, podemos observar que o edital do ano de 2019 encerraria suas atividades somente no ano de 2023. Inicialmente, os projetos são aprovados por um prazo de dois anos e, dependendo da avaliação, serão renováveis ou não por mais dois anos.

No momento da pesquisa, o programa contava com 86 projetos ativos, e 29 destes estavam programados para encerrar suas atividades em 2023.

Gráfico 3.4 – Projetos ativos: Capes/Cofecub 2023

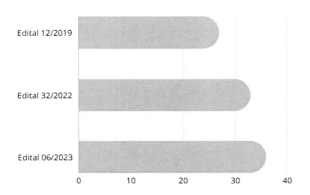

Fonte: Brasil (c2024)

Nos últimos três editais, ao realizarmos a análise de concentração por gênero, verificamos que, mesmo com uma pequena variação, a prevalência do gênero masculino continua nos atuais projetos.

Gráfico 3.5 – Percentual de concentração por gênero (2019-2023)

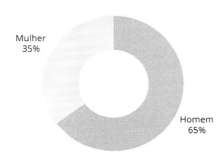

Fonte: Brasil (c2024)

Das IES e/ou centros de pesquisa aos quais os coordenadores de projetos estão vinculados, nos projetos lançados durante o ano de 2019 ao ano de 2023, observou-se maior concentração de coordenadores na região Sudeste, depois na região Nordeste. E a menor concentração de coordenadores de projetos é proveniente de IES do Sul, seguindo pela região Centro-Oeste e, por fim, a região Norte do Brasil.

Figura 3.1 – Percentual de projetos por unidade da Federação (UF) (2029-2023)

Fonte: Brasil (c2024)

## Área de pesquisa e projetos ativos: Capes/Cofecub 2023

As áreas financiadas refletem em parte o comportamento das disciplinas. As ciências sociais, humanas, letras, linguística e artes têm uma tendência a trabalhar de maneira mais individual. Já nas áreas em que é grande a necessidade de tecnologias e especialização, a complementaridade por meio da cooperação é motivadora para que os grupos apresentem projetos[157]. Pelo gráfico a seguir, contudo, verificamos que,

---

[157] MEADOWS, A. J. **A comunicação científica**. Brasília, DF: Briquet de Lemos, 1999. MUELLER, S. P. M. A publicação da ciência: áreas científicas e seus canais preferenciais. DataGramaZero - **Revista de Ciência da Informação**, 2005.

no caso do Programa Capes/Cofecub, as áreas de ciências exatas e da terra, humanas, biológicas e saúde tiveram projetos de cooperação em maior concentração do que as áreas de engenharias, agrárias e ciências sociais aplicadas.

Gráfico 3.6 – Distribuição de projetos por área de conhecimento

Fonte: Brasil (c2024)

## Produção científica comparada: colaboração do Brasil em geral e Programa Capes/Cofecub

A rede internacional de colaboração composta de grupos de pesquisa estrangeiros decorrente de acordos de cooperação, pesquisas conjuntas, participação em congressos, presença do professor visitante na universidade ou simplesmente pela formação acadêmica no exterior favorece a institucionalização das parcerias e, com isso, a internacionalização da universidades envolvidas, a competitividade, o aumento da produtividade científica, novos insights e *networking*, assim como maior visibilidade internacional dos pesquisadores.

O resultado da pesquisa de excelência e dessa colaboração binacional é o crescimento da produtividade e credibilidade dos pesquisadores brasileiros, proporcionando oportunidades de financiamentos, avanços científicos, intelectuais e tecnológicos para o país.

Prado[158] define a relevância dada à produção científica para o sucesso na carreira do pesquisador com a expressão "*publish or perish*"[159]. Para Meadows[160], a pesquisa é uma das principais atividades na carreira científica; e a publicação dos resultados é o principal processo social da ciência, por meio do qual a pesquisa é divulgada e verificada. É importante ressaltar que a quantidade e a qualidade do artigo produzido são os principais indicadores para avaliar o desempenho dos pesquisadores, das instituições e de um país. Nesse sentido, avaliar a produção científica de um pesquisador não mede apenas a produtividade, mas sim o crescimento social e da ciência.

**Volume de produção**

Considerando o volume de produção, o Brasil apresenta números superiores aos do Programa Capes/Cofecub: 838.753 mil e 1.167 mil, respectivamente. Também o número de autores do Brasil é maior: 826.255 mil e 6.056 mil, respectivamente. Esta informação sozinha torna-se óbvia, por focar a quantidade de autores do Brasil; no entanto, quando se analisa o impacto e relevância das citações entre os autores brasileiros no geral e especificamente do Programa Capes/Cofecub, podemos observar a importância de *networking* entre os autores brasileiros e franceses decorrente do programa: o valor total é mais alto, como podemos ver a seguir.

**Impacto e relevância da produção**

Em termos de métricas de impacto e de relevância da produção, os indicadores do Programa Capes/Cofecub são superiores aos do Brasil. O Field-Weighted Citation Impact (FWCI) do Brasil é de 0,90, enquanto as do programa estão bem acima: 1,03. Ou seja, o impacto de citação dos autores brasileiro/franceses do programa é 14,41,78% maior que o dos autores brasileiros em geral.

---

[158] GARFIELD, 1996 *apud* PRADO, J. **Produção científica em biodiversidade, socialização e carreira**. 2014. Tese (Doutorado em Psicologia Social) – UnB, Brasília, DF, 2014.

[159] "Publicar ou perecer" é uma frase cunhada para descrever a pressão na academia para publicar rápida e continuamente trabalhos acadêmicos para sustentar ou promover sua carreira.

[160] MEADOWS, 1999.
Field-Weighted Citation Impact (FWCI) é a razão entre dois números: o total de citações realmente recebidas pela produção do denominador e o total de citações esperadas com base na média daquele campo específico. Fonte: Snowball metrics recipe book (https://snowballmetrics.com/metrics/snowball-metrics-recipe-book/) O FWCI pode ser utilizado com as seguintes categorias: assuntos, disciplinas, anos de publicação e tipos de publicação. FWCI pode ser obtido em níveis: Nível de publicação, Nível de pesquisador, Nível de grupo personalizado e Nível Institucional.

Da mesma forma, as citações por publicações do programa estão bem acima das do Brasil em geral: 16,6 e 12,5, respectivamente. Já na contagem de citações, o Brasil (10,502,457) é superior ao programa (19,408).

Quadro 3.1 – Publicações: dados gerais de desempenho (2013-2022)

|  | **Brasil geral** | **Capes/Cofecub** |
|---|---|---|
| Produção acadêmica | 836.753 | 1.167 |
| Autores | 826.255 | 6.057 |
| Impacto de citação (ponderada em campo) | 0.90 | 1.03 |
| Contagem de citação | 10.502.457 | 19.408 |
| Citação por publicação | 12.5 | 16.6 |

Fonte: SciVAL (c2024)

### Áreas de conhecimento: produção científica

As áreas de destaque da parceria Brasil-Programa Capes/Cofecub são: física e astrologia, química, agricultura e ciências da terra, de materiais e do planeta, em menor grau com bioquímica, engenharia e medicina.

Figura 3.2 – Áreas de conhecimento: publicações (2013-2022)

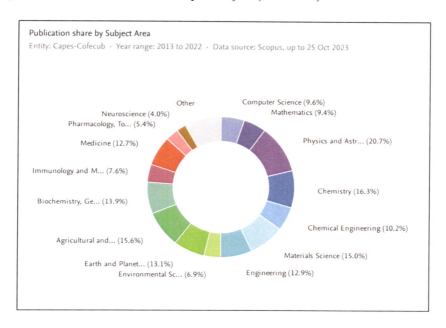

Fonte: SciVAL (c2024)

A incidência dessas áreas na carreira científica dos pesquisadores vem ao encontro não somente ao contexto de sua vida acadêmica, senão ao da esfera organizacional da universidade ou instituto de pesquisa ao qual estão vinculados profissionalmente. Sendo membros de uma comunidade científica, são subordinados pelo contexto social na qual a produção científica daquela área ocorre. Na organização acadêmica ou de pesquisa, os pesquisadores desenvolvem seu trabalho em uma realidade de contextos que se sobrepõem, dando origem a características peculiares da carreira científica[161]. As áreas financiadas refletem em parte o comportamento das disciplinas. As ciências sociais, humanas, letras, linguística e artes têm uma tendência a trabalhar de maneira mais individual, e a terem menor número de publicações. Já nas áreas em que é grande a necessidade de tecnologias e especialização, a complementaridade por meio da cooperação é motivadora para que os grupos apresentem projetos[162].

[161] KAULISCH, M.; ENDERS, J. Careers in overlapping institutional contexts: the case of academy. **Career Development International**, [s. l.], v. 10, n. 2, p. 130-144, 2005.
[162] MEADOWS, 1999; MUELLER, 2005.

As afirmações *supra* podem ser averiguadas na Figura 3.3, a seguir, de número de publicações por área de conhecimento e impacto de suas publicações. Podemos verificar que, no caso do Programa Capes/Cofecub, as áreas de ciências exatas e da terra, engenharias, ciências biológicas e saúde tiveram maior número de publicações. No entanto, nesse mesmo gráfico, o fator de impacto das citações por áreas como humanas e artes foi maior, semelhante com as publicações das ciências da terra, ou seja, publicações mais relevantes.

Figura 3.3 – Área de publicações e impacto das citações (2023-2022)

Fonte: SciVAL (c2024)
Palavras-chave: *keyphase analysis*

Outro levantamento importante sobre as publicações realizadas no Programa Capes/Cofecub foi a análise das palavras-chave, ou *keyphase analysis*[163], das publicações realizadas na colaboração internacional entre

---

[163] A análise de frases-chave (ou *key phrase analysis*) realizada possibilitou a compreensão e extração de informações relevantes segundo grandes conjuntos de dados textuais. Esse processo envolve a identificação e extração das frases mais significativas e representativas de um texto, permitindo aos usuários obterem insights valiosos sobre o conteúdo e os temas abordados.

brasileiros e franceses no programa. As palavras-chave que estão na cor verde estão em crescimento e pertencem às áreas de conhecimento da física, astrologia, química, genética e meio ambiente. As que estão na cor azul se encontram em declínio de publicação, como é o caso de assuntos relacionados a galáxias, áreas da química e hidrologia e outros. Já as palavras-chave que estão na cor cinza estão estagnadas, como as áreas de magnetismo, probióticos e outras.

Figura 3.4 – Palavras-chaves: publicações em colaboração internacional (2013-2022)

Fonte: SciVAL (c2024)

**Publicações de periódicos por quartil**

A análise da qualidade dos trabalhos produzidos em colaboração conjunta (Brasil e França, Programa Capes/Cofecub) foi realizada por meio de um levantamento sobre a classificação de citações de periódicos e sua pontuação do quartil[164]. Nesse levantamento, na plataforma SciVAL, foram classificadas as revistas por quartil a que pertenciam, em suas mais diversas áreas, incluindo os artigos dos coordenadores de projetos

---

[164] Na base do SciVAL, Q1 denota o top 25% da distribuição dos fatores de impacto; o Q2, a posição média-alta (entre 25 e 50%); o Q3, a posição média baixa (50-75%); e Q4, a posição mais baixa (inferior a 25% da distribuição do FI) (FONDAZIONE BRUNO KESSLER (FBK). **Classificação de citações de periódicos e pontuações de quartil**: avaliação de pesquisa. [S. l.: s. n.], 2019).

brasileiros e franceses. Tomando como base nos dados do FI, foi possível verificar os rankings anuais dos periódicos científicos nas categorias relevantes para o periódico[165].

Ao analisar a produção científica conferindo a qualidade e impacto da produção acadêmica brasileira em comparação com a produção acadêmica do Programa Capes/Cofecub, notamos que 90,5% da pesquisa do programa é publicada em revistas de alto impacto (Q1, os 25% principais; e Q2, os 50% principais), enquanto 64,2% das publicações científicas brasileiras se encontram nesse mesmo patamar. Esses números destacam a forte presença das publicações do programa em revistas de alto impacto em comparação com as publicações do Brasil em geral.

A análise das publicações científicas divididas por quartil é essencial para avaliar qualidade, credibilidade e impacto dos artigos científicos. A divisão por quartil auxilia os pesquisadores na escolha dos periódicos mais adequados para submeter seus próprios trabalhos. Publicar em periódicos de alto quartil aumenta a visibilidade e o impacto do trabalho, ampliando sua relevância na comunidade acadêmica.

Figura 3.5 – Publicações de pesquisas em artigos científicos analisadas por quartil: Capes/Cofecub 2013-2022

Fonte: SciVAL (c2024)

---

[165] FBK, 2019.

Figura 3.6 – Publicações de pesquisas em artigos científicos analisadas por quartil: Brasil (análise geral) 2013-2021

Fonte: SciVAL (c2024)

Por fim, já no que diz respeito à qualidade de um artigo, esta é mensurada por meio do número de citações que uma publicação de pesquisa (*paper*) recebe, e esse levantamento reflete o impacto em pesquisas posteriores. As publicações científicas citam documentos anteriores para validar uma contribuição intelectual. Portanto, pode-se dizer que uma publicação (ou uma coleção de publicações) com uma contagem de citações mais elevada teve um impacto maior no campo de conhecimento ao qual se relacionou. No entanto, as taxas de citação também dependem da área de pesquisa e da idade de uma publicação científica (os documentos mais antigos tiveram mais tempo para obter citações em comparação com os mais recentes). Para explicar esses fatores, a contagem de citações de publicações foi normalizada em relação à média mundial de citações esperada para o campo de conhecimento e o ano de publicação[166].

## Grau de internacionalização da produção

As publicações científicas do Programa Capes/Cofecub em colaboração internacional representam 80,6% do total das publicações; enquanto as do Brasil em geral, 32%. No entanto, quando há colaboração internacional, as publicações científicas brasileiras têm em média um impacto de 1,51,

---

[166] CLARIVATE ANALYTICS. **Research in Brazil**: a report for Capes by Clarivate Analytics. [*S. l.*]: Clarivate Analytics, c2024.

enquanto as do Capes/Cofecub têm 1,11. Ou seja, o grau de internacionalização da produção acadêmica nacional é maior que as publicações do Programa Capes/Cofecub.

Figura 3.7 – Colaboração internacional, nacional e institucional do Brasil (2013-2022)

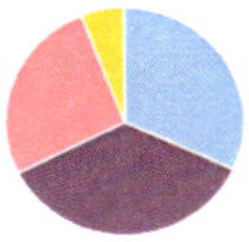

Geographical Collaboration - Overall

Entity: Brazil · Year range: 2013 to 2022 · Data source: Scopus, up to 25 Oct 2023

International, national and institutional collaboration by in Brazil in the selected year range.

| Metric | | Scholarly Output | Citations | Citations per Publication | Field-Weighted Citation Impact |
|---|---|---|---|---|---|
| International collaboration | 32.0% | 268,818 | 5,746,173 | 21.4 | 1.51 |
| Only national collaboration | 35.6% | 298,457 | 2,715,696 | 9.1 | 0.65 |
| Only institutional collaboration | 26.6% | 223,080 | 1,882,017 | 8.4 | 0.60 |
| Single authorship (no collaboration) | 5.8% | 48,398 | 158,571 | 3.3 | 0.39 |

Fonte: SciVAL (c2024)

Figura 3.8 – Colaboração internacional, nacional e institucional do Programa Capes/ Cofecub 2013-2022

Geographical Collaboration - Overall

Entity: Brazil · Year range: 2013 to 2022 · Data source: Scopus, up to 25 Oct 2023

International, national and institutional collaboration by in Brazil in the selected year range.

| Metric | | Scholarly Output | Citations | Citations per Publication | Field-Weighted Citation Impact |
|---|---|---|---|---|---|
| International collaboration | 32.0% | 268,818 | 5,746,173 | 21.4 | 1.51 |
| Only national collaboration | 35.6% | 298,457 | 2,715,696 | 9.1 | 0.65 |
| Only institutional collaboration | 26.6% | 223,080 | 1,882,017 | 8.4 | 0.60 |
| Single authorship (no collaboration) | 5.8% | 48,398 | 158,571 | 3.3 | 0.39 |

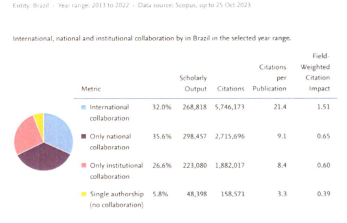

Fonte: SciVAL (c2024)

## Considerações finais

O foco deste estudo foi analisar o Programa Capes/Cofecub por meio de uma avaliação efetiva da cooperação conjunta entre os coordenadores de projetos brasileiros e franceses, a partir de 2013 até o edital de 2022; o intuito, conhecer a qualidade dos trabalhos desenvolvidos conjuntamente, especificamente a relevância dos artigos científicos elaborados.

Na primeira parte da pesquisa, encontramos que, em termos de gênero dos coordenadores brasileiros, durante o período pesquisado, a maioria dominante é do sexo masculino. Das instituições de ensino e/ou pesquisa a que os coordenadores de projetos estão vinculados, na análise dos sete editais que foram lançados entre 2013 e 2022, a concentração já era esperada, e é nada mais que o espelho da concentração da produção técnico-científica no Brasil, pois cerca de 80% dos pesquisadores ligados aos diferentes grupos de pesquisa estão nas regiões Sudeste e Sul[167].

Ao avaliar os resultados da parceria entre o Brasil e França, foram viabilizados os objetivos propostos no projeto do Programa Capes/Cofecub. A possibilidade de alunos e pesquisadores brasileiros terem acesso aos grandes centros de pesquisas na França foi imprescindível para possibilitar a execução das pesquisas e ter uma maior produção científica conjunta internacional. Esse foi um resultado muito positivo, além do que a grande maioria dos artigos publicados conjuntamente foi publicada em revistas conceituadas decorrentes das pesquisas realizadas nos laboratórios e universidades francesas.

Foram realizadas pesquisas sobre produtividade acadêmica dos coordenadores dos projetos, investigamos todos os trabalhos científicos que foram produzidos no Programa Capes/Cofecub durante o período de 2013 e 2022 e, como forma de avaliação, comparamos os trabalhos com a produção acadêmica do Brasil em geral. Por meio da ferramenta SciVAL, analisaram-se as publicações científicas divididas por quartil, sendo esse processo fundamental para avaliar a qualidade e o impacto dos artigos científicos. Os quartis representam uma classificação dos periódicos com base em sua relevância e influência dentro de suas respectivas áreas de estudo. O resultado da análise da produção intelectual dos coordenadores do Projetos Capes/Cofecub provenientes da cooperação conjunta, pelas

---
[167] *Ibidem.*

medidas de fator de impacto, comparados com a produção brasileira em geral, foi bem positivo sobre a relevância dos trabalhos e consequentemente sobre a qualidade.

Verificou-se que os artigos das áreas de física, química, agricultura e ciências da terra aparecem com o maior número de publicações. No entanto, a área de humanidades e arte, mesmo em menor número, obteve um percentual bem alto de citações recebidas, seguida das áreas de ciências da terra e do planeta.

Importante salientar que o foco não é apenas o número de publicações entre brasileiros e franceses, mas os resultados dos programas de cooperação conjunta/cooperação internacional, no processo de internacionalização da IES brasileira. O aumento da influência das IES brasileiras no cenário nacional e internacional tem repercussões diretas na soberania e credibilidade da IES. Essas possibilidades reforçam a posição do saber daqueles sujeitos, aumentam o respeito à produção do conhecimento e das informações produzidas pela instituição.

Outro ponto muito importante é o reconhecimento internacional dos trabalhos desenvolvidos pelos pesquisadores e alunos envolvidos no projeto. Esse "reconhecimento" é visto como um ponto positivo para a universidade e consequentemente para o seu processo de internacionalização.

Muitos outros enfoques, no entanto, podem ser pesquisados, por isso é mister conhecer outras particularidades da produção científica realizada entre os coordenadores de projetos do Programa Capes/Cofecub. Dessa forma, será possível avaliar em sua totalidade a produção científica, as parcerias e atividades desenvolvidas, abrindo novas possibilidades de discussões e divulgação do conhecimento.

No campo científico, segue-se um princípio segundo o qual "todo ocupante de uma posição tem interesse em perceber os limites dos ocupantes das outras posições", pois foco é o monopólio da autoridade científica, ou melhor, o monopólio da competência científica[168]. Justamente devido a essas "competições" no campo científico, precisamos que ocorram constantemente avaliações das atividades realizadas no programa, demonstrando sua relevância, disponibilizando seus resultados para a comunidade científica e demais pesquisadores. O interesse por esses resultados reside não só no detalhamento do conjunto de indicadores utilizados neste estudo, mas sim na possibilidade de analisar a viabilidade alcançada por meio da produção científica de nossos pesquisadores.

---

[168] BOURDIEU, Coisas ditas. São Paulo: Ed. Brasiliense, 1990, p. 50.

O Capes/Cofecub na cooperação entre o Brasil e a França é um importante incentivo à pesquisa e à mobilidade de pesquisadores e alunos. Essa boa parceria permitiu a durabilidade da cooperação por esses 45 anos, demonstrando assim sua relevância e consolidação. A internacionalização, enfim, é um processo que integra diferentes atividades para a mobilidade acadêmica, a colaboração em pesquisa, projetos internacionais, abordagens curriculares, entre inúmeras possibilidades.

## Referências

ABBA, M. J.; STRECK, D. R. A Reforma de Córdoba de 1918 e a internacionalização universitária na América Latina. **História da Educação**, Porto Alegre, v. 25, p. 1-32, 2021.

AVEIRO, T. M. M. **Uma análise do Programa Capes-Cofecub entre a Coordenação de Aperfeiçoamento de Pessoal de Nível Superior e o Comité Français d'Evaluation de la Coopération Universitaire et Scientifique avec le Brésil como ferramenta de cooperação internacional**. 2016. Tese (Doutorado em Desenvolvimento, Sociedade e Cooperação Internacional) – UnB; Université Paris 13, Brasília, DF; Paris, 2016.

BARROS, E. F. **Estratégias metodológicas para avaliação de programas governamentais**. Trabalho apresentado ao Congresso Brasileiro de Custos, 11., 27 a 30 de outubro de 2004, Porto Seguro.

BOURDIEU, P. **Coisas ditas**. São Paulo: Ed. Brasiliense, 1990.

BRASIL. Ministério da Educação. **Programa Capes/Cofecub**. Brasília: MEC, c2024. Disponível em: https://www.gov.br/capes/pt-br/acesso-a-informacao/acoes-e-programas/bolsas/bolsas-e-auxilios-internacionais/encontre-aqui/paises/franca/cofecub. Acesso em: jun. 2024.

CLARIVATE ANALYTICS. **Research in Brazil**: a report for Capes by Clarivate Analytics. [S. l.]: Clarivate Analytics, c2024.

COORDENAÇÃO DE APERFEIÇOAMENTO DE PESSOAL DE NÍVEL SUPERIOR (CAPES). **Acordo Capes-Cofecub**: relatório de 1976-1982. Brasília, DF: Coordenadoria de Cooperação Internacional, 1982. Documento interno.

COSTA, J.; SILVA, E. The burden of gender inequalities for society. **Poverty in Focus**, Brasília, DF, n. 13, p. 8-9, jan. 2008.

CRUZ, Viviane. Xavier Araújo; EICHLER, Marcelo Leandro. Bolsas CAPES de mobilidade acadêmica internacional 1953-2019: um estudo a partir dos contextos de internacionalização da educação superior. **Revista Brasileira de Pós-Graduação**, Brasília, v. 17, n. 37, p. 1-25, 2021.

DE WIT, H. Repensando o conceito de internacionalização. **International Higher Education**, Boston, Publicação Trimestral do Center for International Higher Education. n. 70, p. 69-71, 2013.

DURIEUX, V.; GEVENOIS, P. A. Bibliometric indicators: quality measurements of scientific publication. **Radiology**, [s. l.], v. 255, n. 2, p. 342-351, 2010.

FONDAZIONE BRUNO KESSLER (FBK). **Classificação de citações de periódicos e pontuações de quartil**: avaliação de pesquisa. [S. l.: s. n.], 2019.

GHELMAN, S. **Adaptando o balanced scorecard aos preceitos da nova gestão pública**. 2006. Dissertação (Mestrado em Sistema de Gestão pela Qualidade Total) – UFF, Niterói, 2006.

GUERRA Fria. *In*: WIKIPÉDIA: A ENCICLOPÉDIA LIVRE. São Francisco: Wikimedia Foundation, 2024.

HAYASHI, C. R. M. **Presença da educação brasileira na base de dados Francis®**: uma abordagem bibliométrica. 2004. Dissertação (Mestrado em Educação) – UFSCar, São Carlos, 2004.

KAULISCH, M.; ENDERS, J. Careers in overlapping institutional contexts: the case of academy. **Career Development International**, [s. l.], v. 10, n. 2, p. 130-144, 2005.

KNIGHT, J. Internationalization remodeled: definition, approaches, and rationales. **Journal of Studies in International Education**, The Hague, v. 8, n. 5, p. 4-31, 2004.

KNIGHT, J.; WIT, H. Strategies for internationalisation of higher education: historical and conceptual perspectives. *In*: WIT, H. (ed.). **Strategies for internationalisation of higher education**. Luna Negra: Amsterdam, 1995. p. 5-32.

MAINARDES, J. A pesquisa no campo da política educacional: perspectivas teórico epistemológicas e o lugar do pluralismo. **Revista Brasileira de Educação.** v. 23, p. e230034, 2018.

MARTELETO, R. M. A pesquisa em ciência da informação no Brasil: marcos institucionais, cenários e pesquisas. **Perspectiva em ciência da informação**, v. 14, n. esp., p. 19-40, 2009.

MEADOWS, A. J. **A comunicação científica**. Brasília, DF: Briquet de Lemos, 1999.

MOROSINI, M. C.; DALLA CORTE, M. G. Teses e realidades no contexto da internacionalização da educação superior no Brasil. **Revista Educação em Questão**, Natal, v. 56, n. 47, p. 97-120, jan./mar. 2018.

MUELLER, S. P. M. A publicação da ciência: áreas científicas e seus canais preferenciais. DataGramaZero - **Revista de Ciência da Informação**, Rio de Janeiro, v. 6, n. 1, fev. 2005.

NEVES, A. A. B. **A cooperação acadêmica na América Latina e Europa**. Palestra proferida na Conferência AlBan, 1., 13 e 14 de maio de 2005, Valencia.

PRADO, J. **Produção científica em biodiversidade, socialização e carreira**. 2014. Tese (Doutorado em Psicologia Social) – UnB, Brasília, DF, 2014.

REUTERS, T, Journal Citation Reports® **Science Edition,** 2012.

SCIVAL. London: Elsevier, c2024.

SILVA, S. M. W.; ROCHA NETO, I. Programas de cooperação internacional da Capes: revisão e perspectivas. **Enciclopédia Biosfera**, Goiânia, v. 8, n. 14, p. 2.094-2.109, 2012.

SPINK, P. K. **Avaliação democrática**: propostas e práticas. Rio de Janeiro: Associação Brasileira Interdisciplinar de Aids, 2001. (Fundamentos de avaliação; n. 3).

TAUBES, G. Measures for measure in science. **Science,** v. 260, p. 884-886, 1993.

WESTPHAL, A. M. S. **Avaliação do Programa Institucional de Cooperação Internacional**: Capes-Cofecub - 2012 a 2019. 2019. Tese (Doutorado em Educação) – PUCPR, Curitiba, 2019.

ZULL, J. E. The brain, learning, and study abroad. *In*: VANDE BERG, M.; PAIGE, M.; LOU, K. H. (ed.). **Student learning abroad**. Virginia: Stylus Publishing, 2012. p. 162-187.

# AS DESIGUALDADES EDUCACIONAIS E A BASE NACIONAL COMUM CURRICULAR (BNCC)

*Maria Lourdes Gisi*
*Leandro Aparecido do Prado*
*Juliana Gisi Martins de Almeida*
*Erika Ferreira Floriano*

## Introdução

Este capítulo tem como objeto de estudo a desigualdade educacional e a relação com a Base Nacional Comum Curricular (BNCC). Nosso principal aporte teórico são os conceitos-chave da teoria de Pierre Bourdieu, em especial o conceito de capital cultural. Embora a base vise diminuir a fragmentação curricular e favorecer a todos os estudantes a aquisição de "aprendizagens essenciais", o que significaria a igualdade educacional[169], é importante não perder de vista que a desigualdade educacional tem suas raízes na desigualdade social, isto é, numa sociedade de classes que leva a diferentes trajetórias sociais, culturais e escolares dos estudantes, além do fato de as escolas públicas, onde se encontra a grande maioria dos estudantes brasileiros, não possuírem estrutura suficiente para atender a tais objetivos. Diante disso, a proposta da BNCC apresenta problemas que podem até agravar a desigualdade educacional.

Alguns estudos evidenciam os riscos que representa a implantação da BNCC, entre eles Cury, Reis e Zanardini; Hypólito; e Lopes[170], assim como a Associação Nacional de Pesquisa e Pós-Graduação em

---

[169] BRASIL. Ministério da Educação. **Resolução CNE/CP n.º 2, de 22 de dezembro de 2017**. Institui e orienta a implantação da Base Nacional Comum Curricular, a ser respeitada obrigatoriamente ao longo das etapas e respectivas modalidades no âmbito da Educação Básica. Brasília, DF: MEC, 2017.

[170] CURY, C. R. J.; REIS, M.; ZANARDINI, T. A. C. BASE nacional comum curricular: dilemas e perspectivas. São Paulo: Cortez, 2018. p. 65-99; HYPÓLITO, A. M. BNCC, agenda global e formação docente. **Revista Retratos da Escola**, Brasília, DF, v. 13, n. 25, p. 187-201, jan./maio 2019; LOPES, A. C. Itinerários formativos na BNCC do ensino médio: identificações docentes e projetos de vida juvenis. **Revista Retratos da Escola**, Brasília, DF, v. 13, n. 25, p. 59-75, jan./maio 2019.

Educação (ANPEd)[171], que desde 2015 vem elaborando documentos e se posicionando sobre os riscos que representa a BNCC para a educação no país.

O documento divulgado pela ANPEd alerta para o fato de a BNCC não contemplar as dimensões de diversidade na educação brasileira, o que coloca em risco de retrocesso toda a política educacional e ambiental no país, expressa hoje na Resolução 2/2012 do Conselho Nacional de Educação (CNE), que estabelece as Diretrizes Curriculares para a Educação Ambiental. Os associados afirmam seu posicionamento contrário à Base Nacional Comum Curricular tanto pela sua metodologia de elaboração quanto pelas implicações nos processos de avaliação de ensino e aprendizagem, na homogeneização das matrizes curriculares, na formação de professores e na autonomia[172].

Conforme consta no documento da ANPEd,

> A Base Nacional Comum Curricular (BNCC) é um documento que se produz ao apresentar-se como solução para a desigualdade social, elencando os conceitos de equidade e igualdade como eixos de ação. [No entanto] o reconhecimento da sociedade brasileira como multicultural, dada a necessidade posta de "dar lugar à diferença", é encarada pela política da BNCC com uma postura que parece ter alguma aproximação do que Hall (2003) denomina como multiculturalismo liberal.[173]

Embora o documento da BNCC indique a possibilidade de acrescentar conteúdos ao currículo, incluir aspectos da diversidade local, escolher a metodologia de ensino e as formas de avaliação, deve-se ter em conta que aquilo que consta como sendo o comum será reforçado constantemente nas avaliações em larga escala e "tenderá a promover hierarquização entre conhecimentos, dando legitimidade àquilo que é de todos fazendo silenciar e desaparecer o que é local e sugerido como parte diversificada"[174].

---

[171] A partir de sua 37.ª reunião nacional, realizada em Florianópolis, de 4 a 8 de outubro de 2015, a ANPEd produziu um conjunto de posicionamentos críticos acerca da proposição de uma BNCC para a educação brasileira. Nesse sentido, na assembleia geral da referida reunião, foi aprovada a moção 121, contrária à base, proposta pelos grupos de trabalho Currículo (12) e Educação Ambiental (23).

[172] ASSOCIAÇÃO NACIONAL DE PESQUISA E PÓS-GRADUAÇÃO EM EDUCAÇÃO (ANPED). **A Associação Nacional de Pós-Graduação e Pesquisa em Educação (ANPEd) e a Base Nacional Comum Curricular (BNCC)**. [S. l.: s. n., 2015]. p. 1. Moção 12.

[173] *Ibidem*, p. 13-14.

[174] *Ibidem*.

Além de ser um documento normativo, que prescreve em forma de conhecimentos, habilidades e competências, o que os professores devem ensinar e o que os estudantes devem estudar, essa base representa um currículo nacional obrigatório e imobilizador, que desconsidera os avanços de estudos na área de currículo e compromete uma proposta pedagógica de superação das desigualdades educacionais.

Os riscos da BNCC para a educação básica têm relação com o modelo de ensino pautado em competências, a frágil concepção da alfabetização, a fragmentação dos níveis de educação, a hegemonia de língua, a pouca consideração pelas diferentes modalidades da educação etc. Além de não tratar das condições estruturais das escolas públicas para viabilizar a proposta pedagógica, todas as questões apontadas são riscos para a reprodução das desigualdades educacionais.

Outro aspecto a ser considerado se refere ao capital cultural dos estudantes na relação com o modo como a escola desenvolve sua proposta pedagógica. Nessa perspectiva, os escritos de Pierre Bourdieu sobre o capital cultural[175] auxiliam na análise. Segundo Bourdieu[176], o capital cultural é considerado um conceito que pode explicar a desigualdade de desempenho escolar de crianças provenientes das diferentes classes sociais quando se relaciona o sucesso escolar com as classes ou frações de classe a que pertencem as crianças. Quando Bourdieu se refere ao capital incorporado, explica que este leva tempo para ser assimilado, portanto não depende somente do período de escolarização, mas ocorre desde a primeira educação familiar. O sucesso escolar depende, pois, da distância desse capital em relação à exigência da escola e do modo como se olha para a diversidade, considerando os diferentes contextos dos quais são oriundos os estudantes.

Aqui cabe fazer referência ao arbitrário cultural[177], que somente pode ser compreendido se entendermos, na perspectiva de Bourdieu, a compreensão de Estado, pois ele o supõe como

---

[175] "O capital cultural pode existir sob três formas: no *estado incorporado*, ou seja, sob a forma de disposições duráveis do organismo; no *estado objetivado*, sob a forma de bens culturais – quadros, livros, dicionários, instrumentos, máquinas, [...] no *estado institucionalizado*, forma de objetivação que é preciso colocar à parte, porque, como se observa em relação ao certificado escolar, ela confere ao capital cultural – de que é, supostamente, a garantia – propriedades inteiramente originais" (BOURDIEU, P. **Escritos de educação**. Organização de M. A. Nogueira e A. Catani. Petrópolis: Vozes, 2001. p. 74).

[176] BOURDIEU, 2001, p. 74.

[177] "A seleção de significações que define objetivamente a cultura de um grupo ou de uma classe como sistema simbólico é arbitrária na medida em que a estrutura e as funções desta cultura não podem ser deduzidas de nenhum princípio universal, físico, biológico ou espiritual, não estando unidas por nenhuma espécie de relação interna à natureza das coisas ou a uma natureza humana" (Bourdieu, 2001, p. 36).

> Um princípio oculto perceptível nas manifestações da ordem pública, entendida simultaneamente no sentido físico e no sentido simbólico [tal como Weber] como fundamento da integração lógica e da integração moral do mundo social[178].

Isso não significa que o Estado não cumpre, segundo Bourdieu, certas funções que a tradição marxista lhe imputa de manutenção da ordem pública em benefício da classe dominante, o que Bourdieu busca explicar é sobre a existência do Estado que se sustente na sua própria organização[179].

Ao se referir ao espaço social, Bourdieu[180] explica que ele é construído de modo que os agentes são distribuídos de acordo com dois princípios de diferenciação, que são o capital econômico e o capital cultural, e que os agentes têm mais em comum quanto mais próximos estejam nessas duas dimensões e tanto menos quanto mais distantes estejam delas.

Evidencia-se que o capital cultural tem relação estreita com o capital econômico, e, na realidade da escola pública, são muitas as crianças para as quais o saber transmitido pela escola está muito distante das suas experiências familiares e sociais; assim, ao se assumir uma proposta homogênea de currículo, a escola retrocederá ainda mais em sua função social para aqueles estudantes que provêm de um contexto social que está muito distante do mundo da escola, de suas linguagens e de suas normas.

## A reprodução das desigualdades educacionais nos escritos de Bourdieu

O interesse de Bourdieu na educação tem relação com a lógica da instituição escolar, que cumpre uma função política de legitimar a dominação, mediante o conhecimento que se expressa nos documentos e nas práticas pedagógicas. Bourdieu identificou o poder estruturante da educação e mostrou que a escola está implicada em formas de dominação em

---

[178] "A integração lógica se refere às mesmas percepções que os agentes possuem do mundo social. "O acordo imediato se estabelecendo entre as pessoas com as mesmas categorias de pensamento, de percepção, de construção da realidade. A integração moral é o acordo sobre um certo número de valores" (BOURDIEU, P. **Sobre o Estado**. São Paulo: Companhia das Letras, 2014. p. 31).

[179] BOURDIEU, 2014, p. 31-33.

[180] *Idem*. **Razões práticas**: sobre a teoria da ação. 8. ed. Campinas: Papirus, 1996. p. 19.

um plano simbólico, que contribui para a reprodução das desigualdades sociais. Bourdieu refere-se aos "mecanismos extremamente complexos pelos quais a instituição escolar contribui [...] para reproduzir a distribuição do capital cultural e, assim, a estrutura do espaço social", além de indicar que "a reprodução da estrutura de distribuição do capital cultural se dá na relação entre as estratégias das famílias e a lógica específica da instituição escolar"[181].

Nos dizeres de Bourdieu:

> É provável por um efeito de inércia cultural que continuamos tomando o sistema escolar como fator de mobilidade social, segundo a ideologia da "escola libertadora", quando, ao contrário, tudo tende a mostrar que ele é um dos fatores mais eficazes de conservação social, pois fornece a aparência de legitimidade às desigualdades sociais, e sanciona a herança cultural e o dom social tratado como dom natural.[182]

Para Bourdieu, não é suficiente enunciar "a desigualdade diante da escola", mas é preciso compreender quais são os mecanismos existentes que determinam a "expulsão das crianças desfavorecidas". Um dos fatores responsáveis é o fato de que

> A igualdade formal que pauta a prática pedagógica serve como máscara e justificação para a indiferença no que diz respeito às desigualdades reais diante do ensino e da cultura transmitida, ou melhor dizendo, exigida.[183]

Essa atitude da escola diante das desigualdades, como que ignorando a violência simbólica ali exercida, reproduz continuamente a desigualdade educacional.

> [...] para que sejam favorecidos os mais favorecidos e desfavorecidos os mais desfavorecidos, é necessário e suficiente que a escola ignore, no âmbito dos conteúdos do ensino que transmite, dos métodos e técnicas de transmissão e dos critérios de avaliação, as desigualdades culturais entre as crianças das diferentes classes sociais.[184]

---

[181] Ibidem, p. 35.
[182] Idem, 2001, p. 41.
[183] Ibidem, p. 53.
[184] Ibidem, p. 53.

O conceito com o qual Bourdieu trabalha essa questão é o do capital cultural e considera que é possível apreendê-lo quando relacionamos o capital cultural da família com o êxito escolar da criança, um capital fortemente associado ao capital econômico[185]. Compreender o capital cultural, nos escritos de Bourdieu, requer ter presente dois conceitos-chave, o campo e o *habitus*, que são centrais na teoria de Bourdieu e não podem ser compreendidos separadamente, pois são fundamentais à discussão em capital cultural, já que este tem relação com o campo no qual ele se torna um capital e com os agentes que o valorizam. O campo comporta agentes (indivíduos e instituições) e tais agentes atuam no campo conforme o modo como incorporaram estruturas sociais, que ele denomina de *habitus*.

Para Bourdieu, o *habitus* é um sistema de disposições, modo de perceber, de sentir, de fazer, de pensar, que nos leva a agir de determinadas formas, dependendo das situações em que nos encontramos, uma vez que são interiorizadas e incorporadas, em geral de modo inconsciente, pois decorrem da nossa trajetória social e tornam-se automáticas[186].

Thiry-Cherques, com base em Bourdieu, explica que

> Os *habitus* não designam simplesmente um condicionamento, designam, simultaneamente, um princípio de ação. Eles são estruturas (disposições interiorizadas duráveis) e são estruturantes (geradores de práticas e representações). Possuem dinâmica autônoma, isto é, não supõe uma direção consciente nas duas transformações. Engendram e são engendradas pela lógica do campo social, de modo que são vetores de uma estrutura estruturada que se transforma em uma estrutura estruturante. Aprendemos os códigos

---

[185] Em seu livro *A distinção: crítica social do julgamento*, Bourdieu pormenoriza sua problematização do impacto da estrutura educacional na amplificação das desigualdades culturais: "Contra a ideologia carismática segundo a qual os gostos, em matéria de cultura legítima, são considerados um dom da natureza, a observação científica mostra que as necessidades culturais são o produto da educação: a pesquisa estabelece que todas as práticas culturais (frequência dos museus, concertos, exposições, leituras, etc.) e as preferências em matéria de literatura, pintura ou música estão estreitamente associadas ao nível de instrução (avaliado pelo diploma escolar ou pelo número de anos de estudo) e, secundariamente, à origem social. O peso relativo da educação familiar e da educação propriamente escolar (cuja eficácia e duração dependem estreitamente da origem social) varia segundo o grau de reconhecimento e ensino dispensado às diferentes práticas culturais pelo sistema escolar" (BOURDIEU, P. **A distinção**: crítica social do julgamento. 2. ed. Porto Alegre: Zouk, 2011, p. 9).

[186] CORCUFF, P. **As novas sociologias**: construções da realidade social. Bauru: Edusc, 2001. p. 54-55; THIRY-CHERQUES, H. R. Pierre Bourdieu: a teoria na prática. **Revista de Administração Pública**, Rio de Janeiro, v. 40, n. 1, p. 27-55, jan./fev. 2006. p. 33.

da linguagem, da escrita, da música, da ciência etc. Dominamos saberes e estilos para podemos dizer, escrever, compor, inventar.[187]

No campo educacional, por exemplo, temos os agentes, as instituições e as práticas que se estabelecem e se cristalizam, tornam-se automáticas e levam a perpetuar os preconceitos e a discriminação. Quando Bourdieu alertou, com seus estudos sociológicos, que a instituição escolar, com sua organização, suas normas e seus currículos, reproduz a desigualdade educacional, contribuiu para maior conscientização sobre o papel da escola.

Os agentes estão localizados em diferentes campos, que possuem algumas características gerais, mas são diferentes em razão da sua especificidade. Assim, Bourdieu[188] indica em seus estudos o campo cultural, econômico, educacional, religioso etc. Para o autor, o campo refere-se a uma esfera da vida social que se "autonomizou progressivamente através da história, em torno de relações sociais, de conteúdos e de recursos próprios, diferentes dos de outros campos"[189]. Conforme Bourdieu, a

> [...] noção de campo está aí para designar esse espaço relativamente autônomo, esse microcosmo dotado de suas leis próprias, mas que jamais escapa das imposições do macrocosmo, constituindo a parte estrutural da sua teoria.[190]

Nesses campos, agentes sociais confrontam-se para conservar ou transformar a relação de forças ali existentes.

Neste estudo, busca-se discutir o que pode significar a implantação da BNCC na perpetuação ou até no aumento das desigualdades educacionais e, portanto, sociais. Ao não contemplar as diferenças existentes na escola, é exercida uma violência simbólica, que, aos olhos daqueles que a sofrem, aparece como sendo tão somente uma incapacidade de aprendizagem, mas que vai além, pois todas as rotinas e práticas da escola podem contribuir para que a dinâmica institucional leve muitos a desistirem e, assim, definirem um futuro sem esperança.

---

[187] THIRY-CHERQUES, 2006, p. 33.
[188] BOURDIEU, P. **Os usos sociais da ciência**: por uma sociologia clínica do campo científico. São Paulo: Editora da Unesp, 2004.
[189] CORCUFF, 2001, p. 53.
[190] BOURDIEU, 2004, p. 20-21.

A violência simbólica foi analisada em vários escritos de Bourdieu, mas com maior exatidão no livro *O poder simbólico*, quando a descreve como

> [...] uma espécie de "círculo cujo centro está em toda parte e em parte alguma" – é necessário saber descobri-lo onde ele se deixa ver menos, onde ele é mais completamente ignorado, portanto, reconhecido: o poder simbólico é, com efeito, esse poder invisível o qual só pode ser exercido com a cumplicidade daqueles que não querem saber que lhes estão sujeitos ou mesmo que o exercem.[191]

E, como bem explica Afonso, referindo-se a Bourdieu e Passeron: não foi sem razão que os autores denunciaram a imposição de um currículo escolar enquanto arbitrário cultural e das "desigualdades sociais transmutáveis em desigualdades escolares pela violência simbólica da ação pedagógica". Hoje, segundo o autor, ainda se faz presente tal transmutação pelos instrumentos de avaliação, que são cada vez mais aperfeiçoados para passar a ideia de que se consegue aferir a qualidade da educação[192].

**A Base Nacional Comum Curricular**

A BNCC, aprovada pela Resolução 2, de 20 de dezembro de 2017, destaca desde o seu início o que são *aprendizagens essenciais*:

> Art. 2º As aprendizagens essenciais são definidas como conhecimentos, habilidades, atitudes, valores e a capacidade de os mobilizar, articular e integrar, expressando-se em competências.
> Parágrafo único. As aprendizagens essenciais compõem o processo formativo de todos os educandos ao longo das etapas e modalidades de ensino no nível da Educação Básica, como direito de pleno desenvolvimento da pessoa, seu preparo para o exercício da cidadania e qualificação para o trabalho.[193]

Indica que as "aprendizagens essenciais se expressam em competências, as quais deverão propiciar o desenvolvimento da pessoa, seu preparo

---

[191] Idem. **O poder simbólico**. 13. ed. Rio de Janeiro: Bertrand Brasil, 2010. p. 7-8.
[192] AFONSO, A. J. Estado, políticas e gestão da educação: resistência ativa para uma agenda democrática com justiça social. **Revista Brasileira de Política e Administração da Educação**, Goiânia, v. 36, n. 2, p. 403-428, maio/ago. 2020. p. 405.
[193] BRASIL, 2017.

para o exercício da cidadania e qualificação para o trabalho". A BNCC tem, portanto, seu fundamento pedagógico na pedagogia das competências e visa à formação de competências cognitivas e socioemocionais para atuação no mercado.

No Art. 3º, a resolução define *competência*:

> Art. 3º No âmbito da BNCC, competência é definida como a mobilização de conhecimentos (conceitos e procedimentos), habilidades (práticas cognitivas e socioemocionais), atitudes e valores, para resolver demandas complexas da vida cotidiana, do pleno exercício da cidadania e do mundo do trabalho.[194]

A pedagogia das competências surgiu na década de 1990 e tem sido propagada e assumida em todos os níveis de ensino; já a Resolução 2/2017 indica que estas devem ser capazes de preparar os estudantes para resolver demandas complexas da vida cotidiana, o que leva ao questionamento de como atingir propósito tão amplo. No parágrafo 2º do Art. 5º, indica que a implementação da BNCC deve superar a fragmentação das políticas educacionais, ensejando o fortalecimento do regime de colaboração entre as três esferas de governo e balizando a qualidade da educação ofertada. Afirma também o compromisso com a educação integral, buscando a formação e o desenvolvimento humano global[195].

Observa-se, portanto, que seus enunciados apontam para três aspectos da maior relevância na formação dos estudantes: aprendizagens essenciais (competências), superação da fragmentação curricular e educação integral. Atingir tais propósitos não é tarefa simples, e pode mesmo ser totalmente inviabilizado, conforme muito bem explicado por Cury, Reis e Zanardini:

> A insistência em negar a natureza curricular é desvelada pela forma e o conteúdo apresentados pela BNCC com um nível de detalhamento que visibiliza o compromisso com o estabelecimento de um currículo nacional.[196]

Esse detalhamento que se observa na BNCC realmente tem muita semelhança com um currículo mínimo nacional, bem diferente da orga-

---

[194] *Ibidem.*
[195] *Ibidem.*
[196] CURY; REIS; ZANARDINI, 2018, p. 68.

nização da prática pedagógica conforme as Diretrizes Curriculares Nacionais, que começaram a ser norteadoras em todos os níveis de ensino com a aprovação da LDB.

Resultado de vários debates que se iniciaram já na década de 1990, a ideia de uma base nacional comum passou por diferentes posicionamentos até chegar ao ano de 2017, quando, com interferência de representantes de organizações, tais como Todos pela Educação[197], e com influência de organismos internacionais[198], conseguiu-se aprovar uma normativa que atendesse, em especial, ao setor privado, econômico e empresarial, cada vez mais integrado às instituições financeiras.

A ideia desses grupos foi organizar um documento que estabelecesse um currículo nacional com base em padrões que favorecessem a responsabilização dos professores e gestores sobre os resultados dos alunos nas avaliações, e favorecesse a privatização do ensino, na oferta da educação básica e na venda de materiais e equipamentos. Tal constatação é analisada por Hypólito, que cita os três princípios da política educacional proposta pelo Movimento Global de Reforma da Educação em 2001: padrões, prestação de contas e descentralização. Com a BNCC, tem-se o currículo nacional, que estabelece os padrões de qualidade e a avaliação em larga escala com padrões de aprendizagem alcançáveis; quanto à descentralização,

> [...] advoga-se a transferência de competências e de responsabilidades para os níveis locais de administração do sistema escolar, de modo que as avaliações nacionais sirvam para responsabilizar e controlar as autoridades em seus diferentes níveis de competência.[199]

Isso favorece a responsabilização dos professores e gestores com a já conhecida *accountability*, um termo emprestado do mercado.

Instituir um currículo nacional que estabelece padrões é o que se constata na BNCC, pois, segundo Cury, Reis e Zanardini, é uma "proposta curricular obrigatória e imobilizadora", estabelecida pelo centro do poder que as escolas deverão implementar, ao contrário do que seria desejável em uma sociedade plural e democrática. "Decisões que deveriam se fundar

---

[197] O Movimento Todos pela Educação é uma organização da sociedade civil que tem como presidente do conselho Jorge Gerdau Johannpeter, do Grupo Gerdau, com participação de Fundação Bradesco, Itaú Social, Fundação Lemann, Instituto Unibanco, Instituto Natura, Rede Globo e Fundação Roberto Marinho.

[198] Tais como Banco Interamericano de Desenvolvimento (BID) e Organização para a Cooperação e Desenvolvimento Econômico (OCDE).

[199] HYPÓLITO, 2019, p. 189.

nos pilares constitucionais de uma sociedade plural comprometida com a não discriminação e com valores sociais do trabalho"[200].

Como bem indica Lopes, "O currículo precisa fazer sentido e ser construído contextualmente, atender demandas e necessidades que não são homogêneas". A autora analisa a proposta da BNCC para o ensino médio e é enfática ao afirmar que, com essa base,

> [...] não se viabiliza a flexibilidade curricular por tentar controlar o projeto de vida dos jovens estudantes por meio de metas fixadas *a priori*. Assim sendo, a proposta de quebrar a disciplinaridade pode permanecer inalcançável...[201]

Ao não contemplar as dimensões de diversidade na educação brasileira, coloca em risco de retrocesso toda política educacional[202], como menciona Hypólito, quando afirma que "um currículo nacional pressupõe uma homogeneização cultural, pois algumas vozes calarão e outras poderão ser ensurdecedoras"[203]. Como bem indicam Siqueira, Dourado e Aguiar, "a concepção de Base deveria ser 'ponto de partida' e não 'ponto de chegada' do processo educativo"[204].

Assim, ao constatar que a BNCC impõe um currículo nacional que deve ser implementado obrigatoriamente nas escolas, surge de imediato a preocupação com a perpetuação da desigualdade educacional, na medida em que a BNCC trabalha com uma proposta hegemônica, a qual desconsidera a realidade dos estudantes e das escolas no país.

Os estudos de Amarante, Macedo e Moreira; Girotto; Gonçalves e Deitos; Novais e Nunes; Oliveira, Velanga e Bueno; e Sussekind e Maske[205] contribuem com a relação entre a BNCC e as desigualdades educacionais:

---

[200] CURY; REIS; ZANARDINI, 2018, p. 71.
[201] LOPES, 2019, p. 61, 63.
[202] ANPED, [2015].
[203] HYPÓLITO, 2019, p. 195.
[204] SIQUEIRA, R. M.; DOURADO, L. F.; AGUIAR, M. A. S. Plano nacional de educação, base nacional comum curricular e a formação de professores: a autonomia docente em questão. *In*: DOURADO, L. F. (org.). **PNE, políticas e gestão da educação**: novas formas de organização e privatização. Brasília, DF: Anpae, 2020. p. 258-280. p. 271.
[205] AMARANTE, L.; MACEDO, A. G.; MOREIRA, J. A. S. Política curricular e neoliberalismo: uma crítica à base nacional comum curricular a partir do legado freiriano. **Revista Inter-Ação**, Goiânia, v. 46, ed. especial, p. 1.224-1.241, 2021; GIROTTO, E. D. Entre o abstracionismo pedagógico e os territórios de luta: a base nacional comum curricular e a defesa da escola pública. **Horizontes**, Bragança Paulista, v. 36, n. 1, p. 16-30, 2018; GIROTTO, E. D. Pode a política pública mentir? A base nacional comum curricular e a disputa da qualidade educacional. **Educação & Sociedade**, Campinas, v. 40, e0207906, p. 1-21, 2019; GONÇALVES, A. M.; DEITOS, R. A. Competências gerais da base nacional comum curricular (BNCC). **Eccos**, São Paulo, v. 52, n. 1, p. 1-19, 2020; NOVAIS, G. S.; NUNES, S. C. A base nacional comum curricular: uma estratégia a favor da educação emanci-

Novais e Nunes[206] analisaram se a BNCC contribui para a diminuição das desigualdades na educação infantil e indicam que é um instrumento de caráter normativo que não fortalece uma perspectiva emancipatória para a educação infantil, ao contrário, fomenta a desigualdade e compromete uma educação ampliada e contextualizada.

Gonçalves e Deitos[207] estudaram os fundamentos teóricos e ideológicos das competências gerais da BNCC nos documentos e consideram que tais competências refletem a conservação e a reprodução de uma sociedade desigual, pautada nos interesses das classes dominantes.

Girotto[208] considera que o documento da BNCC reconhece pouco a relação entre a escola e a sociedade e que toma as unidades escolares como indiferenciadas ao contribuir para as desigualdades educacionais. Considera ainda que pode haver impactos da BNCC no processo de precarização do trabalho e da formação docente com base na concepção de professor como mero transmissor de conhecimentos. Em outro artigo[209], explica que a BNCC não busca enfrentar as desigualdades educacionais, pois não enfrenta as condições materiais das escolas. Para isso, analisou dados relacionados à infraestrutura, à formação docente, ao perfil socioeconômico de estudantes com base no Censo Escolar e no Sistema de Avaliação da Educação Básica (Saeb), afirmando que os dados deixam evidente a manutenção de um quadro de desigualdade educacional.

Amarante, Macedo e Moreira[210] analisam o ideário político-econômico do neoliberalismo presente na BNCC e estabelecem uma contraposição com o legado freiriano no que se refere à sua concepção de escola problematizadora, justa e democrática, com um currículo construído conforme a realidade dos estudantes, o qual seja capaz de diminuir, pelo conhecimento, as desigualdades decorrentes da adoção do neoliberalismo.

Sussekind e Maske[211] concluíram com seus estudos que as reformas políticas vinculadas e inspiradas na Base Nacional Comum Curricular

---

patória das infâncias e redução das desigualdades educacionais? **Ensino em Revista**, Uberlândia, v. 12, n. 1 p. 1.056-1.986, 2018; OLIVEIRA, M. A. C.; VELANGA, C. T.; BUENO, J. L. P. **Laplage em Revista**, Paulínia, v. 6, p. 167-179, 2020; SUSSEKIND, M. L.; MASKE, J. Pendurando roupas nos varais: base nacional comum curricular, trabalho docente e qualidade. **Em Aberto**, Brasília, v. 40, n. 1, p. 27-55, jan./fev. 2006.

[206] NOVAIS; NUNES, 2018.
[207] GONÇALVES; DEITOS, 2020.
[208] GIROTTO, 2018.
[209] *Idem*, 2019.
[210] AMARANTE; MACEDO; MOREIRA, 2021.
[211] SUSSEKIND; MASKE, 2006.

não contribuem para a promoção de qualidade na educação brasileira, mas reforçam, nos currículos que se tecem nos cotidianos, a exclusão, as hierarquias e a desigualdade social.

Em relação à desigualdade social, cabe ainda fazer referência a Dubet, que no livro *O tempo das paixões tristes* se refere às desigualdades múltiplas e afirma que o acesso à educação é uma dessas desigualdades, no entanto são inúmeras as situações de desigualdade que ocorrem até mesmo no interior de um mesmo grupo, que podem ser definidas pelo tipo de atividade profissional, mas também pelo "*status* do emprego, da idade, da geração, do gênero, das sexualidades, das origens, das adesões religiosas, dos territórios e ainda das deficiências físicas". Além disso, cita as desigualdades de "rendimento, patrimônio, consumo, saúde, acesso à educação, práticas culturais e de lazer, tempo dedicado à família, mobilidade geográfica, social ou profissional..." e muitas outras. Esclarece que o "sistema de desigualdades múltiplas acentua a heterogeneidade das situações"[212].

A concepção de desigualdades proposta por Dubet é pertinente, e podemos encontrar múltiplas delas entre estudantes e escolas que têm relação com a condição econômica, mas que se desdobra em diferentes desigualdades decorrente da trajetória de cada aluno e da estrutura de cada uma. Assim, aqueles que têm acesso à educação muitas vezes não conseguem ter sucesso em seus estudos porque outras dificuldades podem não permitir a sua conclusão.

Quando se discute a desigualdade, torna-se importante pensar também no conceito de interseccionalidade[213], que igualmente auxilia na compreensão das desigualdades, opressões e discriminações resultantes de preconceito existente na sociedade. Esse conceito permite analisar de modo ampliado as discriminações em relação à raça, ao gênero, à classe, à capacidade física etc., e como as políticas sociais devem ser pensadas. Muitas vezes as instituições escolares perpetuam os estereótipos, os preconceitos e as desigualdades oriundos das relações socioculturais e

---

[212] DUBET, F. **O tempo das paixões tristes**. São Paulo: Vestígio, 2020. p. 35.

[213] "Interseccionalidade significa a interdependência das relações de poder de raça, sexo e classe [...] é uma conceituação do problema que busca capturar as consequências estruturais e dinâmicas da interação entre dois ou mais eixos de subordinação. Ela trata especificamente da forma pela qual o racismo, o patriarcalismo, a opressão de classe e outros sistemas discriminatórios criam desigualdades básicas que estruturam as posições relativas de mulheres, raças, etnias, classes e outras. Além disso, a interseccionalidade trata da forma como as ações e políticas específicas geram opressões que fluem ao longo de tais eixos constituindo aspectos dinâmicos ou ativos do desempoderamento" (CRENSHAW, K. Documento para o encontro de especialistas em aspectos da discriminação racial relativos ao gênero. **Revista Estudos Feministas**, Florianópolis, v. 10, n. 1, p. 171-188, jan. 2002. Dossiê III Conferência contra o Racismo. p. 177).

dos mecanismos de poder, na medida em que agem simbolicamente nas questões de identidades, como as de etnia e gênero[214].

Ainda segundo Cury, Reis e Zanardini, "somos colocados diante de uma proposta ilusória que não consegue se aprofundar no cerne do problema, qual seja, a incapacidade de nosso sistema socioeconômico proporcionar igualdade"[215]. Conforme essa compreensão, um currículo homogêneo para todo o país não poderá contribuir em termos de diminuir as desigualdades educacionais, ao contrário, aumentá-las-á.

Siqueira, Dourado e Aguiar[216] indicam que a BNCC apresenta quatro tópicos que a caracterizam: padronização curricular articulação e cooptação pedagogia da competência e avaliação em larga escala e a formação de professores fora das universidades.

A formação de professores já possui diretrizes aprovadas pela Resolução 2/2019 (que trata da formação inicial de professores) e pela Resolução 1/2020 (sobre a formação continuada), alinhadas à BNCC, com a indicação das competências a serem desenvolvidas na mesma perspectiva pedagógica. Essas resoluções representam um retrocesso educacional, pois descaracterizam a concepção dos cursos de formação de professores, que articula a formação e a valorização dos profissionais da educação.

Siqueira, Dourado e Aguiar[217] deixam evidente que hoje se constata um "intenso movimento no campo no qual os agentes portadores de um *habitus* vão refinando estratégias hegemônicas em favor de um dado projeto educativo". Esse movimento cria uma cultura política que aos poucos vai se delineando e sendo assumida nos cursos de formação de professores. Os autores, com base no conceito de campo de Bourdieu, buscam evidenciar as disputas que vêm ocorrendo no campo da educação quando se trata da formação de professores, o que se constata quando analisamos a Resolução CNE/CP 2/2015, que

> [...] apresenta fundamentos essenciais à formação inicial e continuada, pensadas articuladamente, a serem objeto de institucionalização por parte das instituições de formação

---

[214] *Ibidem*.
[215] CURY; REIS; ZANARDINI, 2018, p. 76.
[216] SIQUEIRA; DOURADO; AGUIAR, 2020, p. 262.
[217] *Ibidem*, p. 261.

em sintonia com os sistemas de ensino, suas instituições e profissionais.[218]

Em relação a esta resolução, Scheibe[219] demonstra que esta legislação é um "convite à reflexão teórica, filosófica, política e ética sobre o que é a docência, o que a compõe, quais são suas dimensões, como se formam os/as professores/as, que papel cabe ao Estado nesse processo". A autora considera que a Resolução 2/2015 é uma conquista para a categoria, pois fortalece a concepção de uma política de valorização profissional e de uma concepção formativa da docência com base em uma "visão sócio-histórica emancipadora". Agora com a aprovação das novas resoluções, perde-se todo esse esforço, que significaria um avanço importante para a categoria com uma política de formação de professores de caráter tecnocrático, que se coaduna com o projeto neoliberal implantado no país.

As Resoluções 2/2019 e 1/2020, aprovadas sem um debate com a categoria dos professores, representam a defesa do campo privado, que "expressa um projeto formativo centrado na 'epistemologia da prática' e na 'pedagogia das competências'". Significa, no entendimento do Movimento Todos pela Base, que a BNCC não determina como ensinar, mas *o que ensinar*, e nessa compreensão desconsidera-se o papel do professor, que já não terá mais autonomia[220].

## Algumas considerações

Com este capítulo, buscou-se analisar a relação da BNCC com a reprodução das desigualdades educacionais, tendo como base de análise os conceitos presentes na obra de Pierre Bourdieu. Na medida em que a BNCC é uma proposta com característica de currículo mínimo homogeneizador, não considerando, portanto, a diversidade em sua compreensão ampla no espaço escolar, não favorecerá a apreensão dos conhecimentos por parte de todos os alunos, o que pode significar um retrocesso, pois corremos o risco de aprofundar a desigualdade educacional, porquanto essa norma contrapõe-se a um processo educativo que contemple as diferenças educacionais.

---

[218] *Ibidem*, p. 266.
[219] SCHEIBE, L. Formação de professores: políticas em construção, concepções em disputa. *In*: DOURADO, L. F. (org.). **PNE, políticas e gestão da educação**: novas formas de organização e privatização. Brasília, DF: Anpae, 2020. p. 281-318. p. 286.
[220] SIQUEIRA; DOURADO; AGUIAR, 2020, p. 268-273.

A desigualdade educacional, fruto da desigualdade social no país, não pode ser resolvida pela escola de educação básica, pois decorre de problemas que a ultrapassam, contudo, a escola constitui-se em possibilidade de mobilidade social quando busca desenvolver um projeto pedagógico comprometido com uma formação que contempla a emancipação social.

Assim, para que as desigualdades sociais não sejam uma barreira para a busca da igualdade educacional, a escola deve ter o papel efetivo de criar condições para uma igualdade de acesso aos conhecimentos, o que requer compreender as diferenças existentes no modo de aprender de estudantes de diferentes origens sociais.

## Referências

AFONSO, A. J. Estado, políticas e gestão da educação: resistência ativa para uma agenda democrática com justiça social. **Revista Brasileira de Política e Administração da Educação**, Goiânia, v. 36, n. 2, p. 403-428, maio/ago. 2020.

AMARANTE, L.; MACEDO, A. G.; MOREIRA, J. A. S. Política curricular e neoliberalismo: uma crítica à base nacional comum curricular a partir do legado freiriano. **Revista Inter-Ação**, Goiânia, v. 46, ed. especial, p. 1.224-1.241, 2021.

ASSOCIAÇÃO NACIONAL DE PESQUISA E PÓS-GRADUAÇÃO EM EDUCAÇÃO (ANPED). **A Associação Nacional de Pós-Graduação e Pesquisa em Educação (ANPEd) e a Base Nacional Comum Curricular (BNCC)**. [S. l.: s. n., 2015].

BOURDIEU, P. **A distinção**: crítica social do julgamento. 2. ed. Porto Alegre: Zouk, 2011.

BOURDIEU, P. **Escritos de educação**. Organização de M. A. Nogueira e A. Catani. Petrópolis: Vozes, 2001.

BOURDIEU, P. **O poder simbólico**. 13. ed. Rio de Janeiro: Bertrand Brasil, 2010.

BOURDIEU, P. **Os usos sociais da ciência**: por uma sociologia clínica do campo científico. São Paulo: Editora da Unesp, 2004.

BOURDIEU, P. **Razões práticas**: sobre a teoria da ação. 8. ed. Campinas: Papirus, 1996.

BOURDIEU, P. **Sobre o Estado**. São Paulo: Companhia das Letras, 2014.

BOURDIEU, P.; PASSERON, J.-C. **A reprodução**. 3. ed. Rio de Janeiro: [*s. n.*], 2008.

BRASIL. Ministério da Educação. **Resolução CNE/CP n.º 1, de 27 de outubro de 2020**. Dispõe sobre as Diretrizes curriculares Nacionais para a Formação continuada de Professores da Educação básica e institui a Base nacional comum para a Formação continuada de Professores da Educação Básica (BNCC- Formação Continuada). Brasília, DF: MEC, 2020.

BRASIL. Ministério da Educação. **Resolução CNE/CP n.º 2, de 20 de dezembro de 2019**. Define as diretrizes curriculares Nacionais para a Formação Inicial de Professores para a Educação Básica e institui a Base Nacional Comum para a formação Inicial de professores da Educação Básica (BNC-Formação). Brasília, DF: MEC, 2019.

BRASIL. Ministério da Educação. **Resolução CNE/CP n.**º 2, de 22 de dezembro de 2017. Institui e orienta a implantação da Base Nacional Comum Curricular, a ser respeitada obrigatoriamente ao longo das etapas e respectivas modalidades no âmbito da Educação Básica. Brasília, DF: MEC, 2017.

CORCUFF, P. **As novas sociologias**: construções da realidade social. Bauru: Edusc, 2001.

CRENSHAW, K. Documento para o encontro de especialistas em aspectos da discriminação racial relativos ao gênero. **Revista Estudos Feministas**, Florianópolis, v. 10, n. 1, p. 171-188, jan. 2002. Dossiê III Conferência contra o Racismo.

CURY, C. R. J.; REIS, M.; ZANARDINI, T. A. C. Base nacional comum curricular é currículo? *In*: BASE nacional comum: dilemas e perspectivas. São Paulo: Cortez, 2018. p. 65-99.

DUBET, F. **O tempo das paixões tristes**. São Paulo: Vestígio, 2020.

GIROTTO, E. D. Entre o abstracionismo pedagógico e os territórios de luta: a base nacional comum curricular e a defesa da escola pública. **Horizontes**, Bragança Paulista, v. 36, n. 1, p. 16-30, 2018.

GIROTTO, E. D. Pode a política pública mentir? A base nacional comum curricular e a disputa da qualidade educacional. **Educação & Sociedade**, Campinas, v. 40, e0207906, p. 1-21, 2019.

GONÇALVES, A. M.; DEITOS, R. A. Competências gerais da base nacional comum curricular (BNCC). **Eccos**, São Paulo, v. 52, n. 1, p. 1-19, 2020.

HYPÓLITO, A. M. BNCC, agenda global e formação docente. **Revista Retratos da Escola**, Brasília, DF, v. 13, n. 25, p. 187-201, jan./maio 2019.

LOPES, A. C. Itinerários formativos na BNCC do ensino médio: identificações docentes e projetos de vida juvenis. **Revista Retratos da Escola**, Brasília, v. 13, n. 25, p. 59-75, jan./maio 2019.

NOGUEIRA, M. A.; NOGUEIRA, C. M. M. Um arbitrário cultural dominante. **Revista Educação**, São Paulo, p. 36-45, 2007. Biblioteca do professor: Bourdieu pensa a educação. 2. ed.

NOVAIS, G. S.; NUNES, S. C. A base nacional comum curricular: uma estratégia a favor da educação emancipatória das infâncias e redução das desigualdades educacionais? **Ensino em Revista**, Uberlândia, v. 12, n. 1 p. 1.056-1.986, 2018.

SCHEIBE, L. Formação de professores: políticas em construção, concepções em disputa. *In*: DOURADO, L. F. (org.). **PNE, políticas e gestão da educação**: novas formas de organização e privatização. Brasília, DF: Anpae, 2020. p. 281-318.

SIQUEIRA, R. M.; DOURADO, L. F.; AGUIAR, M. A. S. Plano nacional de educação, base nacional comum curricular e a formação de professores: a autonomia docente em questão. *In*: DOURADO, L. F. (org.). **PNE, políticas e gestão da educação**: novas formas de organização e privatização. Brasília, DF: Anpae, 2020. p. 258-280.

SUSSEKIND, M. L.; MASKE, J. Pendurando roupas nos varais: base nacional comum curricular, trabalho docente e qualidade. **Em Aberto**, Brasília, v. 40, n. 1, p. 27-55, jan./fev. 2006.

THIRY-CHERQUES, H. R. Pierre Bourdieu: a teoria na prática. **Revista de Administração Pública**, Rio de Janeiro, v. 40, n. 1, p. 27-55, jan./fev. 2006.

# NOTAS SOBRE A EDUCAÇÃO EM DIREITOS HUMANOS[221]

*Flávia Rubia Franziner*
*Diva Spezia Ranghetti*

Apoiado em um dos objetivos do Plano Nacional de Educação em Direitos Humanos (PNEDH), de "estimular a reflexão, o estudo e a pesquisa voltados para a educação em direitos humanos"[222], as análises apresentadas a seguir propõem a reflexão sobre aspectos históricos e documentais relacionados à Educação em Direitos Humanos (EDH).

O tema é extenso e, portanto, a escrita a seguir tem a intenção de contribuir com alguns recortes e ideias. De tal modo, é necessário examinar documentos essenciais ao tema, como: Declaração Universal dos Direitos Humanos (DUDH), Constituição da República Federativa do Brasil de 1988 (CF), Comunicado da Conferência Mundial sobre Ensino Superior da Organização das Nações Unidas para a Educação, a Ciência e a Cultura (Unesco) de 2009, Programa Nacional de Direitos Humanos (PNDH), PNEDH, Programa Mundial para Educação em Direitos Humanos (DH), entre outros.

Destarte, são trazidas à tona concepções de Direitos Humanos e políticas públicas educacionais com a intenção de compreender quais são e como estão postas no cenário nacional. Observa-se que o surgimento e as ações oriundas de políticas públicas estão revestidos de influências econômicas, políticas e sociais, e as políticas públicas de educação também padecem dessas influências, fato que evidencia a importância da sua investigação.

---

[221] As reflexões, os relatos e as análises trazidas neste capítulo são parte de uma dissertação desenvolvida no Programa de Mestrado em Educação da Pontifícia Universidade Católica do Paraná (PUCPR), apresentada em 2017. O estudo teve como tema as políticas de Educação em Direitos Humanos (EDH) na educação superior brasileira.
[222] BRASIL. **Plano nacional de educação em direitos humanos - PNEDH**. 3. reimpr. simplificada. Brasília, DF: Ministério dos Direitos Humanos, 2018b.

## Direitos Humanos: contextualização histórica e conceitual

O estabelecimento do Estado democrático de direito pela CF de 1988 inicia um momento de conscientização e defesa dos Direitos Humanos, bem como dá força à viabilização da educação em Direitos Humanos.

A concretização dos DH passa pela garantia à educação. Assim, o fortalecimento das discussões e, por conseguinte, da conscientização e de compromissos voltados aos DH é uma questão de primordial relevância para o desenvolvimento social.

A dignidade humana está diretamente ligada à guarda e à concretização dos Direitos Humanos. Vários autores os compreendem como direitos intrínsecos à condição de ser humano. Não obstante, em muitos momentos da história humana, os DH foram ignorados no escopo dos interesses dominantes. Em relação a direitos e garantias, Canotilho elucida que o "recorte de um 'núcleo essencial' de direitos, liberdades e garantias perfila-se como o último reduto de garantia contra as leis e as medidas agressivamente restritas desses direitos"[223].

Após a Revolução Francesa, com o movimento das ideias de liberdade, igualdade e fraternidade, os direitos "dos homens" passam a ser reconhecidos.

> Nesse processo, a Assembleia Nacional Constituinte, constituída na primeira fase dessa revolução, votou em 1789 a "Declaração dos Direitos do Homem e do Cidadão" [...] diziam respeito aos direitos civis e políticos.[224]

Após a Segunda Guerra Mundial, a humanidade, marcada pela violência que se alastrou por anos de barbárie, reagiu com a proclamação, em 1948, da Declaração Universal dos Direitos Humanos. O preâmbulo da declaração evoca-a como um ideal comum a ser atingido por todos os povos e nações:

> A ASSEMBLÉIA GERAL proclama a presente DECLARAÇÃO UNIVERSAL DOS DIRETOS HUMANOS como o ideal comum a ser atingido por todos os povos e todas as nações, com o objetivo de que cada indivíduo e cada órgão da sociedade,

---

[223] CANOTILHO, J. J. G. O direito constitucional como ciência de direcção: o núcleo essencial de prestações sociais ou a localização incerta da socialidade (contributo para a reabilitação da força normativa da "constituição social"). **Revista de Doutrina da 4ª Região**, Porto Alegre, n. 22, fev. 2008.

[224] GUARESCHI, N. M. F.; LARA, L.; ADEGAS, M. A. Políticas públicas entre o sujeito de direitos e o *Homo economicus*. **Psico**, Porto Alegre. v. 41, n. 3, p. 332-339, jul. 2010. p. 336.

> tendo sempre em mente esta Declaração, se esforce, através do **ensino e da educação**, por promover o respeito a esses direitos e liberdades, e, pela adoção de medidas progressivas de caráter nacional e internacional, por assegurar o seu reconhecimento e a sua observância universal e efetiva, tanto entre os povos dos próprios Estados-Membros, quanto entre os povos dos territórios sob sua jurisdição.[225]

Recorta-se do preâmbulo o objetivo de se fazer um esforço individual e coletivo para promover o respeito aos direitos e liberdades previstos na DUDH por meio do ensino e da educação. Há, portanto, um reconhecimento formal da relevância do ensino e da educação para a promoção dos DH, como também um direito humano, conforme a DUDH prevê em seu Art. 26:

> 1. **Todo ser humano tem direito à instrução**. A instrução será gratuita, pelo menos nos graus elementares e fundamentais. A instrução elementar será obrigatória. A instrução técnico-profissional será acessível a todos, bem como a instrução superior, esta baseada no mérito.
> 2. A instrução será orientada no sentido do pleno desenvolvimento da personalidade humana e do fortalecimento do respeito pelos direitos humanos e pelas liberdades fundamentais. A instrução promoverá a compreensão, a tolerância e a amizade entre todas as nações e grupos raciais ou religiosos, e coadjuvará as atividades das Nações Unidas em prol da manutenção da paz.[226]

Desse modo, a DUDH marca o direito ao desenvolvimento pleno da personalidade humana e o respeito a direitos e liberdades fundamentais, alicerçados na garantia à instrução, o que, em conjunto com outros direitos e liberdades, forma um rol de normas basilares dedicadas a proteger a humanidade. A Declaração dos Direitos Humanos foi proclamada pela Resolução 217 A (III) da Assembleia Geral das Nações Unidas em 10 de dezembro de 1948, em Paris. Sua "pedra-angular" é o Art. 3º, o qual se refere à vida, determinando que toda e qualquer "pessoa tem direito à vida, à liberdade e à segurança pessoal"[227].

Outros direitos fundamentais à dignidade humana também foram evocados pela DUDH, como o previsto no Art. 4º, de acordo com o qual "ninguém será mantido em escravidão ou servidão; a escravidão e o trá-

---
[225] ORGANIZAÇÃO DAS NAÇÕES UNIDAS (ONU). **Declaração universal dos direitos humanos**. Paris: ONU, 1948. grifo nosso.
[226] *Ibidem*, grifo nosso.
[227] *Ibidem*.

fico de escravos serão proibidos em todas as suas formas". Em relação à tortura, o Art. 5º dispõe que "ninguém será submetido à tortura, nem a tratamento ou castigo cruel, desumano ou degradante"[228].

A DUDH representou, portanto, um avanço humanitário no cenário internacional no que diz respeito a normas de garantia à dignidade humana. Nessa senda, o Brasil assinou como signatário na data da proclamação da declaração e, após esse movimento, trouxe para as suas legislações previsões relacionadas aos direitos salvaguardados pela DUDH.

O marco jurídico dos Direitos Humanos no Brasil acontece com a promulgação da Constituição federal de 1988, a qual evoca o Estado democrático de direito. O Art. 4ª da Carta Magna dispõe sobre os princípios que regem a República e no inciso II faz previsão dos Direitos Humanos. Assim, estabelece-se que "a República Federativa do Brasil se rege nas suas relações internacionais pelos seguintes princípios: [...] II - **prevalência dos direitos humanos**"[229]. Essa previsão vai ao encontro do que a DUDH propôs em seu Art. 27, ao determinar que "todo ser humano tem direito a uma ordem social e internacional em que os direitos e liberdades estabelecidos na presente Declaração possam ser plenamente realizados"[230].

Garantir que os DH sejam salvaguardados em sua plenitude nos conflitos entre povos e nações é um ideário nem sempre alcançado. Ter essa previsão positivada no panorama nacional, contudo, foi um avanço para o Brasil.

Na CF de 1988, os direitos e as garantias fundamentais são elencados em direitos individuais e coletivos; direitos sociais; direitos de nacionalidade; direitos políticos; direitos relacionados à existência, organização e participação em partidos políticos[231]. Esse conjunto de direitos converge na direção da constituição de um verdadeiro Estado democrático de direito, onde os cidadãos possam encontrar na estrutura legal o amparo para uma vida digna.

No âmbito internacional, em 1966, as Nações Unidas[232], em Assembleia Geral, aprovaram o Pacto sobre Direitos Econômicos, Sociais e Culturais e sobre direitos civis e políticos. O Art. 13 do pacto assegura que os Estados dele participantes

---

[228] *Ibidem.*

[229] BRASIL. [Constituição (1988)]. **Constituição da República Federativa do Brasil**: texto constitucional promulgado em 5 de outubro de 1988. Brasília, DF: Presidência da República, 1988. grifo nosso.

[230] ONU, 1948.

[231] BRASIL, 1988.

[232] Em abril de 1968, ocorreu a Conferência Internacional de Direitos Humanos em Teerã, Irã. Na ocasião foram discutidos os progressos e as ações necessárias para desenvolver os princípios da Declaração dos Direitos Humanos.

> [...] reconhecem o direito de toda pessoa à educação" e concordam que, [...] **a educação deverá visar** ao pleno desenvolvimento da personalidade humana e do sentido de sua dignidade e a fortalecer o **respeito pelos direitos humanos e liberdades fundamentais**.[233]

Passados 45 anos da proclamação da DUDH, no ano de 1993, houve a Conferência Mundial sobre Direitos Humanos, em Viena, com o intuito de formulação de programas e planos. O item 33 do documento da conferência reafirma a obrigação dos Estados em "garantir que a educação tenha o objectivo de reforçar o respeito pelos Direitos do homem e as liberdades fundamentais"[234].

As lutas travadas nos Estados para positivar leis que representam interesses, em muitos casos dominantes, aparecem nas políticas públicas. "Como no texto religioso, filosófico ou literário, no texto jurídico estão em jogo lutas, pois a leitura é uma maneira de apropriação da força simbólica que nele se encontra em estado potencial"[235].

Assim, não se pode perder de vista olhares aos Direitos Humanos, como o de: Santos, quando afirma que "as concepções e práticas dominantes dos direitos humanos são monoculturais, e isto constitui um dos maiores obstáculos à construção de uma luta de baixo para cima, real e universal, pelos direitos humanos"[236]; de Bobbio, para quem os direitos previstos na DUDH "não são os únicos e possíveis direitos do homem: são os direitos do homem histórico, tal como este se configurava na mente dos redatores da Declaração", e ainda que a DUDH é "uma síntese do passado e uma inspiração para o futuro: mas suas tábuas não foram gravadas de uma vez para sempre"[237].

De qualquer maneira, é preciso compreender que a DUDH foi promulgada por parte da humanidade e contempla concepções de direitos e deveres conforme o contexto de seu manifesto. Nesse passo, vamos às políticas públicas em Direitos Humanos.

---

[233] ORGANIZAÇÃO DAS NAÇÕES UNIDAS (ONU). **Pacto internacional dos direitos econômicos, sociais e culturais**. Paris: ONU, 1966. grifo nosso.

[234] *Idem*. **Declaração e programa de ação de Viena**. Conferência Mundial sobre Direitos Humanos, 14-25 de junho de 1993, Viena. grifo nosso.

[235] BOURDIEU, P. **O poder simbólico**. 3. ed. Rio de Janeiro: Bertrand Brasil, 2000. p. 213.

[236] SANTOS, B. S. **Se Deus fosse um ativista dos direitos humanos**. 2. ed. São Paulo: Cortez, 2014. p. 129-130.

[237] BOBBIO, N. **A era dos direitos**. Rio de Janeiro: Campus, 1992. p. 33-34.

## Políticas públicas em Direitos Humanos

A DUDH, segundo Bobbio, "é algo mais do que um sistema doutrinário, porém algo menos do que um sistema de normas jurídicas." O autor remete-se ao preâmbulo da DUDH, no trecho em que se prevê como indispensável que os direitos do homem sejam protegidos por normas jurídicas. Conforme ensina Bobbio, tal referência "às normas jurídicas existe, mas está contida num juízo hipotético"[238], observação que se coaduna com a necessidade, após a proteção dos direitos por meio de publicação de normas, de que os DH sejam efetivados por forças que executem essas normas. Nesse sentido, as políticas públicas devem contribuir para a organização e viabilização desses direitos.

É importante destacar que as políticas públicas podem surgir por fontes consuetudinárias, fontes políticas, fontes econômicas e muitas vezes por interesses de classes ou organizações sociais. Para Boneti,

> [...] as políticas públicas se constituem o resultado de uma correlação de forças sociais, conjugando interesses específicos e/ou de classes, em que os interesses das classes política e/ou economicamente dominante têm prevalência, mas não unanimidade.[239]

Assim, observar as questões que envolvem e influenciam a criação das políticas públicas é fundamental. Daí Ball[240] esclarecer que "as políticas são investidas de, ou formadas a partir de ambos os aspectos de disputas, em termos de vantagens sociais e de legitimidade social"[241]. Sem embargo, muitas vezes essas influências passam despercebidas, e nesse sentido Bourdieu destaca que as categorias de percepção do mundo social

> [...] são, no essencial, produto da incorporação das estruturas objectivas do espaço social. Em consequência, levam os agentes a tomarem o mundo social tal como ele é, a aceitarem-no como natural.[242]

---

[238] *Ibidem*, p. 31.
[239] BONETI, L. W. **Políticas públicas por dentro**. 3. ed. Ijuí: Unijuí, 2011. p. 97.
[240] Stephen J. Ball desenvolveu o ciclo de políticas, que consiste num método de "pesquisar e teorizar as políticas" por meio dos contextos de: influência, produção de texto, contexto da prática, o contexto de resultados/efeitos e o contexto de estratégia política. "Os contextos podem ser pensados de outra maneira e podem ser 'aninhados' uns dentro dos outros" (BALL, S. J. Ball: um diálogo sobre justiça social, pesquisa e política educacional. [Entrevista cedida a] Jefferson Mainardes e Maria Inês Marcondes. **Educação & Sociedade**, Campinas, v. 30, n. 106, p. 303-318, jan./abr. 2009. p. 306).
[241] BALL, 2009, p. 308.
[242] BOURDIEU, 2000, p. 141.

Do mesmo modo, a criação e o monitoramento de ações oriundas de políticas públicas estão revestidos de influências econômicas, e as políticas públicas de educação não estão imunes a tais influências. Ball afirma que as "tecnologias de políticas envolvem a implementação calculada de técnicas e artefatos para organizar as forças e capacidades humanas em redes funcionais de poder". E que "distintos elementos se encontram inter-relacionados no seio destas tecnologias, envolvendo formas arquiteturais, relações de hierarquia, procedimentos de motivação e mecanismos de reformação ou terapia"[243].

Para Ball, algumas políticas demoram a ser integradas, ou mesmo desaparecem com o decorrer do tempo, por vezes "são apressadas ou atrasadas"[244]. Assim, com objetivo de integrar os DH nas nações, no ano de 1993, 45 anos após a publicação DUDH, a Conferência Mundial sobre Direitos Humanos, em Viena, teve o olhar internacional voltado para a formulação de programas e planos de DH, reafirmando o comprometimento dos Estados[245].

A partir da reafirmação da declaração, o Programa Nacional de Direitos Humanos foi instituído no Brasil pelo Decreto 1.904, de 13 de maio em 1996[246]. Mais tarde, foi revogado pelo Decreto 4.229, de 13 de maio de 2002, que dispunha de novos objetivos. Surgia, então, a segunda versão do PNDH, privilegiando a incorporação de

> [...] alguns temas destinados à conscientização da sociedade brasileira com o fito de consolidar uma cultura de respeito aos direitos humanos, tais como cultura, lazer, saúde, educação, previdência social, trabalho, moradia, alimentação, um meio ambiente saudável.[247]

---

[243] BALL, S. J. Diretrizes políticas globais e relações políticas locais em educação. **Currículo sem Fronteiras**, Porto Alegre, v. 1, p. 99-116, jul./dez. 2001. p. 105-106.

[244] *Idem*, 2009. p. 306.

[245] "[...] o empenho solene de todos os Estados em cumprirem as suas obrigações no tocante à promoção do respeito universal, da observância e da proteção de todos os Direitos Humanos e liberdades fundamentais para todos em conformidade com a Carta das Nações Unidas, com outros instrumentos relacionados com os Direitos Humanos e com o Direito Internacional. A natureza universal destes direitos e liberdades é inquestionável" (ONU, 1993).

[246] A norma assim fez previsão: "I - a identificação dos principais obstáculos à promoção e defesa dos direitos humanos no País; II - a execução, a curto, médio e longo prazos, de medidas de promoção e defesa desses direitos; III - a implementação de atos e declarações internacionais, com a adesão brasileira, relacionados com direitos humanos; IV - a redução de condutas e atos de violência, intolerância e discriminação, com reflexos na diminuição das desigualdades sociais; V - a observância dos direitos e deveres previstos na Constituição, especialmente os dispostos em seu art. 5º; VI - a plena realização da cidadania" (BRASIL. **Decreto n.º 1.904, de 13 de maio de 1996**. Institui o Programa Nacional de Direitos Humanos - PNDH. Brasília, DF: Presidência da República, 1996a).

[247] BRASIL. **Decreto n.º 4.229, de 13 de maio de 2002**. Dispõe sobre o Programa Nacional de Direitos Humanos - PNDH, instituído pelo Decreto nº 1.904, de 13 de maio de 1996, e dá outras providências. Brasília, DF: Presidência da República, 2002a. p. 23.

No período de 5 a 8 de julho de 2009, em Paris, aconteceu na Unesco a Conferência Mundial sobre Ensino Superior (As Novas Dinâmicas do Ensino Superior e Pesquisas para a Mudança). Segundo a conferência,

> [...] um público bom e estrategicamente imperativo para todos os níveis de educação e como a base para pesquisa, inovação e criatividade, o ensino superior deve ser uma questão de responsabilidade e suporte econômico de todos os governos. Conforme destacado na Declaração Universal dos Direitos Humanos, "o ensino superior deve ser igualmente acessível para todos na base do mérito" (Artigo 26, Parágrafo 1).[248]

Em relação à responsabilidade social da educação superior, disposta no documento publicado a partir da conferência, o item 3 aponta para a realização dos DH por meio da pesquisa, ensino e extensão:

> Instituições de ensino superior, através de suas funções principais (pesquisa, ensino e serviços comunitários) estabelecidas no contexto de autonomia institucional e liberdade acadêmica, devem aumentar o foco interdisciplinar e promover o pensamento crítico e a cidadania ativa. Isso contribuiria para o desenvolvimento sustentável, a paz, o bem estar e a **realização dos direitos humanos**, incluindo a igualdade entre os sexos.[249]

O documento aponta, ainda, no item 4, que a educação superior deve contribuir para a educação de cidadãos "comprometidos com a construção da paz, com a defesa dos direitos humanos e com os valores de democracia". Em relação a internacionalização, regionalização e globalização, assinala que a cooperação internacional na educação superior "deve ser baseada na solidariedade e no respeito mútuo, além de na promoção de valores humanísticos e diálogo intercultural"[250].

Foi a partir de então que se deu o reconhecimento da educação superior como um direito social e humano. Na sequência, as políticas educacionais passaram por um movimento de incorporação dessa premissa. Após a conferência mundial, no âmbito do Brasil, em dezembro de 2009, o Decreto 4.229, de 13 de maio de 2002 (PNDH-2), foi revogado pelo

---

[248] ORGANIZAÇÃO DAS NAÇÕES UNIDAS PARA A EDUCAÇÃO, A CIÊNCIA E A CULTURA (UNESCO). **Comunicado da Conferência Mundial sobre Ensino Superior da Unesco de 2009**. Paris: Unesco, 2009. p. 2.

[249] *Ibidem*, p. 2, grifo nosso.

[250] *Ibidem*, p. 2, 4.

Decreto 7.037/2009, que aprovou o PNDH-3, fazendo, aliás, previsão de eixos orientadores e diretrizes. Em maio de 2010, o PNDH foi atualizado pelo Decreto 7.177/2010 e dividido nos seguintes eixos orientadores:

Quadro 5.1– Eixos orientadores: PNDH-3

| EIXO | Diretriz |
| --- | --- |
| Eixo Orientador I | Interação democrática entre Estado e sociedade civil |
| Eixo Orientador II | Desenvolvimento e Direitos Humanos |
| Eixo Orientador III | Universalizar direitos em um contexto de desigualdades |
| Eixo Orientador IV | Segurança pública, acesso à Justiça e combate à violência |
| Eixo Orientador V | Educação e cultura em Direitos Humanos |
| Eixo Orientador VI | Direito à memória e à verdade |

Fonte: as autoras (2017) com base nas informações extraídas do PNDH-3 (Brasil, 2010)

O PNDH-3 teve sua construção pautada nas discussões e resoluções da 11.ª Conferência Nacional dos Direitos Humanos. No tocante ao Eixo Orientador V (Educação e Cultura em Direitos Humanos), foram traçadas diretrizes e objetivos estratégicos, conforme o quadro a seguir:

Quadro 5.2 – Eixo Orientador V, Educação e Cultura em Direitos Humanos: PNDH-3

| Diretriz | Objetivos Estratégicos |
| --- | --- |
| Diretriz 18: Efetivação das diretrizes e dos princípios da política nacional de educação em Direitos Humanos para fortalecer cultura de direitos | Objetivo Estratégico I: Implementação do Plano Nacional de Educação em Direitos Humanos<br><br>Objetivo Estratégico II: Ampliação de mecanismos e produção de materiais pedagógicos e didáticos para educação em Direitos Humanos |
| Diretriz 19: Fortalecimento dos princípios da democracia e dos Direitos Humanos nos sistemas de educação básica, nas instituições de ensino superior e nas instituições formadoras | Objetivo Estratégico I: Inclusão da temática de Educação e Cultura em Direitos Humanos nas escolas de educação básica e em instituições formadoras<br><br>Objetivo Estratégico II: Inclusão da temática da Educação em Direitos Humanos nos cursos das Instituições de Ensino Superior (IES)<br><br>Objetivo Estratégico III: Incentivo à transdisciplinaridade e à transversalidade nas atividades acadêmicas em Direitos Humanos |

| Diretriz | Objetivos Estratégicos |
|---|---|
| Diretriz 20: Reconhecimento da educação não formal como espaço de defesa e promoção dos Direitos Humanos | Objetivo Estratégico I: Inclusão da temática da Educação em Direitos Humanos na educação não formal<br><br>Objetivo estratégico II: Resgate da memória por meio da reconstrução da história dos movimentos sociais |
| Diretriz 21: Promoção da educação em Direitos Humanos no serviço público | Objetivo Estratégico I: Formação e capacitação continuada dos servidores públicos em Direitos Humanos, em todas as esferas de governo.<br><br>Objetivo Estratégico II: Formação adequada e qualificada dos profissionais do sistema de segurança pública |
| Diretriz 22: Garantia do direito à comunicação democrática e ao acesso à informação para a consolidação de uma cultura em Direitos Humanos | Objetivo Estratégico I: Promover o respeito aos Direitos Humanos nos meios de comunicação e o cumprimento de seu papel na promoção da cultura em Direitos Humanos<br><br>Objetivo Estratégico II: Garantia do direito à comunicação democrática e ao acesso à informação |

Fonte: as autoras (2017), com base em informações extraídas do PNDH-3 (Brasil, 2010).

Nesse sentido, o PNDH-3 tem como uma de suas principais características a transversalidade, tomando cuidado para que "a implementação dos direitos civis e políticos transitem pelas diversas dimensões dos direitos econômicos, sociais, culturais e ambientais"[251]. Não obstante, apesar do país ter admitido a maioria dos instrumentos de proteção e promoção dos Direitos humanos, os desafios ainda são grandes.

**Políticas educacionais em Direitos Humanos**

No que diz respeito às políticas públicas, Shiroma e Santos[252] relatam o seguinte:

No fim do século XX, as reformas de cunho neoliberal subtraíram direitos sociais dos trabalhadores por meio da desregulamentação, o que culminou com a precarização das relações de trabalho. Em consequência, por meio de propaganda, foi-se impelindo no senso comum

---

[251] BRASIL. **Decreto n.º 7.177, de 12 de maio de 2010.** Altera o Anexo do Decreto no 7.037, de 21 de dezembro de 2009, que aprova o Programa Nacional de Direitos Humanos - PNDH-3. Brasília, DF: Presidência da República, 2010.

[252] SHIROMA, E. O.; SANTOS, F. A. Slogans para a construção do consentimento ativo. *In*: EVANGELISTA, O. (org.). **O que revelam os slogans na política educacional.** Araraquara: Junqueira e Marin, 2014. p. 20-45.

a necessidade de reformas do Estado e reformas educacionais para que pudessem ser superadas as crises econômicas. Assim, no âmbito da educação, foram inseridos na comunidade escolar o que as autoras chamam de slogans de "justiça social", "inclusão", entre outros, tendo como justificativa a preocupação com a qualidade da educação. "Procuramos refletir sobre os *slogans* usados como eixos dos discursos conservadores que, por meio de uma inversão ideológica, atribuem crises econômicas à educação"[253].

Mas, além da utilização de slogans, como trazem à tona Shiroma e Santos, no que diz respeito às políticas públicas[254], é preciso observar as influências econômicas e sociais tanto no âmbito nacional como internacional. Portanto, sem ignorar as influências internacionais e analisando-se a legislação em vigor, é possível observar que a garantia da educação é uma responsabilidade precípua do Estado, além de ser um dos meios para a concretização de outros direitos fundamentais.

Segundo Galbraith, a "educação não apenas faz surgir uma população com uma compreensão das tarefas públicas; ela também faz com que esta exija ser ouvida"[255]. A promoção da educação é condição essencial para o desenvolvimento social, uma vez que sujeitos analfabetos,

> [...] especialmente se espalhados pela paisagem em uma relação de subordinação com proprietários de terras, são facilmente mantidos em silêncio e sob controle autoritário. Tal controle não é possível com cidadãos educados e, portanto, politicamente preocupados e articulados. Esse fato é prontamente comprovado no mundo moderno. Nele, não existe população bem-educada que esteja sujeita à ditadura ou, no mínimo, que não esteja revoltada em certo grau com ela. A ditadura sobre os pobres e os analfabetos, por outro lado, constitui um lugar comum.[256]

Ao promover o desenvolvimento do sujeito dando-lhe melhores condições de vida individual e coletiva, além de ampliar a consciência da garantia da dignidade da pessoa humana, a educação assume mais responsabilidades.

---

[253] Ibidem, p. 22.
[254] "[...] ao pensar as políticas públicas a partir da formulação dos direitos, não podemos deixar de considerar a interferência do mercado econômico e seus efeitos nas ações do Estado" (Guareschi; Lara; Adegas, 2010, p. 338).
[255] GALBRAITH, J. K. **A sociedade justa**: uma perspectiva humana. 6. ed. Rio de Janeiro: Campus, 2001. p. 81.
[256] Ibidem, p. 81.

A imprescindibilidade da educação foi observada em Viena em 1993. Segundo a Declaração e Programa de Ação de Viena, "deverá ser considerada a proclamação de uma década das Nações Unidas para a educação em matéria de Direitos Humanos, por forma a promover, encorajar e fazer sobressair este tipo de atividades educativas"[257]. A partir de então, houve a proclamação da Década das Nações Unidas para a Educação em matéria de Direitos Humanos (1995-2004). Nesse sentido,

> [...] a Década da ONU para EDH teve início em janeiro de 1995, e em julho de 2003 o Estado brasileiro tornou oficial a Educação em Direitos Humanos como política pública com a constituição do Comitê Nacional de Educação em Direitos Humanos (CNEDH).[258]

A Rede Brasileira de Educação em Direitos Humanos foi criada em 1995 e, depois disso, foi instituído o primeiro Programa Nacional de Direitos Humanos. Em 2003, a Portaria 66 da Secretaria Especial dos Direitos Humanos criou o PNEDH, que tem os seguintes objetivos gerais:

> a) destacar o papel estratégico da educação em direitos humanos para o fortalecimento do Estado Democrático de Direito;
> b) enfatizar o papel dos direitos humanos na construção de uma sociedade justa, eqüitativa e democrática;
> c) encorajar o desenvolvimento de ações de educação em direitos humanos pelo poder público e a sociedade civil por meio de ações conjuntas;
> d) contribuir para a efetivação dos compromissos internacionais e nacionais com a educação em direitos humanos;
> e) estimular a cooperação nacional e internacional na implementação de ações de educação em direitos humanos;
> f) propor a transversalidade da educação em direitos humanos nas políticas públicas, estimulando o desenvolvimento institucional e interinstitucional das ações previstas no PNEDH nos mais diversos setores (educação, saúde, comunicação, cultura, segurança e justiça, esporte e lazer, dentre outros);
> g) avançar nas ações e propostas do Programa Nacional de Direitos Humanos (PNDH) no que se refere às questões da educação em direitos humanos;

---

[257] ONU, 1993.
[258] BRASIL. Presidência da República. **Educação em direitos humanos**: diretrizes nacionais. Brasília, DF: Coordenação-Geral de Educação em Direitos Humanos, Secretaria Nacional de Promoção e Defesa dos Direitos Humanos, 2013b. p. 32.

h) orientar políticas educacionais direcionadas para a constituição de uma cultura de direitos humanos;
i) estabelecer objetivos, diretrizes e linhas de ações para a elaboração de programas e projetos na área da educação em direitos humanos;
j) estimular a reflexão, o estudo e a pesquisa voltados para a educação em direitos humanos;
k) incentivar a criação e o fortalecimento de instituições e organizações nacionais, estaduais e municipais na perspectiva da educação em direitos humanos;
l) balizar a elaboração, implementação, monitoramento, avaliação e atualização dos Planos de Educação em Direitos Humanos dos estados e municípios;
m) incentivar formas de acesso às ações de educação em direitos humanos a pessoas com deficiência.[259]

No eixo da pesquisa, o documento prevê que as "demandas de estudos na área dos direitos humanos requerem uma política de incentivo que institua esse tema como área de conhecimento de caráter interdisciplinar e transdisciplinar"[260]. No âmbito do eixo da extensão, aduz que

> [...] a inserção desse tema em programas e projetos de extensão pode envolver atividades de capacitação, assessoria e realização de eventos, entre outras, articuladas com as áreas de ensino e pesquisa, contemplando temas diversos.[261]

Além dos princípios, o PNEDH prevê ações programáticas, dentre as quais se destacam: a proposição da temática da EDH para subsidiar as diretrizes curriculares; apoio de programas, projetos e ações das IES voltados à EDH; promoção de pesquisas; incentivo à "elaboração de metodologias pedagógicas de caráter transdisciplinar e interdisciplinar"; estabelecimento de políticas e parâmetros para a formação continuada de professores e gestores; "difusão de uma cultura de direitos humanos"; criação de um setor específico no acervo das bibliotecas das IES; criação de linhas editoriais em DH; estimulação da "inserção da EDH nas conferências, congressos, seminários"; apoio a "programas e projetos artísticos e culturais"; desenvolver políticas estratégicas de ação afirmativa nas

---

[259] *Idem*. Comitê Nacional de Educação em Direitos Humanos. **Plano nacional de educação em direitos humanos - PNEDH**. Brasília: Secretaria Especial dos Direitos Humanos, Ministério da Educação, Ministério da Justiça; Unesco, 2007. p. 26-27.
[260] *Ibidem*, p. 38.
[261] *Ibidem*, p. 38.

IES"; "estimular a realização de projetos de EDH sobre a memória do autoritarismo no Brasil e inserir essa temática em editais de incentivo a projetos de pesquisa e extensão universitária; propor criação de um Fundo Nacional de Ensino, Pesquisa e Extensão para dar suporte aos projetos na área temática da EDH[262].

Desse modo, compreende-se que, para a educação superior, seja necessário um trabalho de desenvolvimento dos DH com vistas à transversalidade e à transdisciplinaridade, à luz da indissociabilidade do ensino, da pesquisa e da extensão.

Registra-se, ainda, que no âmbito internacional surge, em 2005, o Programa Mundial para Educação em Direitos Humanos. Trata-se de iniciativa das Nações Unidas buscando a integração da educação em Direitos Humanos em todos os setores. A primeira fase desse programa (2005-2009) foi desenvolvida para educação básica e ensino médio; a segunda (2010-2014), para educação superior. Com a adoção da segunda fase, "os Estados-membros das Nações Unidas concordaram em fortalecer a educação em Direitos Humanos nesses setores por meio do desenvolvimento e da revisão de políticas e práticas"[263]. Segundo este documento em epígrafe, a EDH abrange conhecimentos e técnicas; valores, atitudes e comportamentos; e adoção de medidas. Assim, as instituições de educação superior, por sua vez, além da responsabilidade social de formar cidadãos no âmbito científico e técnico, têm a responsabilidade de produzir conhecimento a fim de mitigar aos desafios encontrados na implementação dos Direitos Humanos[264].

Este programa prevê que a EDH

> [...] deve ter em vista a sociedade, ou seja, ir além da sala de aula e da instituição de ensino superior e, da mesma forma, construir parcerias entre os diferentes membros da comunidade acadêmica e seus correspondentes fora dela.[265]

---

[262] *Ibidem.*

[263] *Ibidem*, p. 4.

[264] "[...] por meio de suas funções básicas (ensino, pesquisa e serviços para a comunidade), não só têm a responsabilidade social de formar cidadãos éticos e comprometidos com a construção da paz, a defesa dos direitos humanos e os valores da democracia, mas também de produzir conhecimento visando a atender os atuais desafios dos direitos humanos como a erradicação da pobreza e da discriminação, a reconstrução pós-conflitos e a compreensão multicultural" (ORGANIZAÇÃO DAS NAÇÕES UNIDAS PARA A EDUCAÇÃO, A CIÊNCIA E A CULTURA (UNESCO). **Plano de ação**: programa mundial para educação em direitos humanos – segunda fase. 2012. Brasília, DF: Unesco – Representação no Brasil, 2012. p. 11).

[265] *Ibidem*, p. 14.

Em consonância com essas previsões, voltando ao cenário nacional, foram formalizadas normas com ênfase na promoção e garantia dos DH. Destacam-se algumas publicações extraídas do quadro cronológico anexo ao Parecer do Conselho Nacional de Educação 8/2012:

a. Em 1990, a Lei 8.069 institui o Estatuto da Criança e do Adolescente;

b. Em 1994, a Lei 10.098 estabelece normas gerais e critérios básicos para a promoção da acessibilidade das pessoas "portadoras de deficiência" ou com mobilidade reduzida;

c. Ainda em 1994, a Portaria 1.793 dispõe sobre a necessidade de complementar os currículos de formação de docentes e outros profissionais que interagem com "portadores de necessidades especiais";

d. Em 1999, a Lei 9.795 aprova a Política Nacional de Educação Ambiental;

e. Em 2002, a Lei 10.436 dispõe sobre a Língua Brasileira de Sinais (Libras).

Entre outras normas, é possível, portanto, perceber o avanço em termos de leis e do reconhecimento de direitos que constituem a estrutura documental da educação em Direitos Humanos no país, seguindo em convergência com políticas externas. Percebe-se, nessa cronologia da legislação, a abordagem de uma gama de temas que constituem os DH.

Nessa senda, o Conselho Nacional de Educação (CNE) publicou, por meio da Resolução 1/2012, as Diretrizes Nacionais para a EDH. Segundo o parecer que fundamenta a resolução, "a Educação em Direitos Humanos emerge como uma forte necessidade capaz de reposicionar os compromissos nacionais com a formação de sujeitos de direitos e de responsabilidades"[266]. Com observância na ação programática "g" da Diretriz 19 do PNDH-3, foi aprovada e publicada a Lei 13.185/2015, a qual instituiu o combate à intimidação sistemática, *bullying*, fortalecendo o movimento de proteção à dignidade humana no país. Houve ainda a publicação da Lei 13.234/15, que alterou a Lei de Diretrizes e Bases da Educação Nacional para dispor sobre a identificação, o cadastramento e o atendimento, na educação básica e na educação superior, de alunos com altas habilidades

---

[266] BRASIL. Ministério da Educação. **Parecer n.º: 8/2012**. Diretrizes Nacionais para a Educação em Direitos Humanos. Brasília: MEC, 2012c. p. 2.

ou superdotação. Registra-se também a publicação da Lei 13.146/2015, instituindo a Lei Brasileira de Inclusão da Pessoa com Deficiência, ou Estatuto da Pessoa com Deficiência.

Não obstante, mesmo com a publicação de várias normas que convergem com os DH, no âmbito da educação, não se pode ignorar as desigualdades alimentadas pela própria escola[267].

Ao tratar das possibilidades analíticas da noção de campo social estudado por Bourdieu, Catani afirma que o campo universitário "é um *locus* de relações que envolvem como protagonistas agentes que possuem a delegação para gerir e produzir práticas universitárias, isto é, uma modalidade de produção consagrada e legitimada"[268]. Assim, conforme ensina Bourdieu, os campos são "os lugares de relações de forças que implicam tendências imanentes e probabilidades objetivas". Um campo não se orienta totalmente ao acaso. Nem tudo nele é igualmente possível e impossível em cada momento. Ainda segundo o autor, não importando qual "seja o campo, ele é objeto de luta tanto em sua representação quanto em sua realidade"[269].

As instituições de educação superior também têm relações de forças que tanto podem promover a garantia de direitos como podem veladamente violá-los, seja com a estruturação do currículo, seja com processos didático-pedagógicos discriminatórios. Nesse sentido, a inserção dos DH nos currículos e planos de ensino contribui inevitavelmente para conscientização e para a garantia de premissas da dignidade humana. A EDH, contudo, vai além dos currículos. Ela perpassa suas metodologias, estratégias didático-pedagógicas, utilização de tecnologias da informação e comunicação.

Em junho de 2014, foi publicada a Lei 13.005, que aprovou o Plano Nacional de Educação (PNE), o PNE em vigência. O inciso X do Art. 2º do PNE traz como diretriz: "X - promoção dos princípios do respeito aos direitos humanos, à diversidade e à sustentabilidade socioambiental"[270].

---

[267] De tal modo, podem ser evocados para a pesquisa em epígrafe estudos de Bourdieu. Catani esclarece que a teoria dos campos sociais "contribui para desvendar os mecanismos de dominação vigentes na sociedade francesa. Mas esse aparato epistêmico-prático pode, através do estabelecimento de relações de homologia, ser trabalhado com eficácia para o estudo de campos sociais brasileiros" (CATANI, A. M. As possibilidades analíticas da noção de campo social. **Educação & Sociedade**, Campinas, v. 32, n. 114, p. 189-202, jan./mar. 2011. p. 200).

[268] CATANI, 2011, p. 198.

[269] BOURDIEU, P. **Os usos sociais da ciência**: por uma sociologia clínica do campo científico. São Paulo: Editora Unesp, 2004. p. 27, 29.

[270] BRASIL. **Lei n.º 13.005, de 25 de junho de 2014**. Aprova o Plano Nacional de Educação - PNE e dá outras providências. Brasília, DF: Presidência da República, 2014a.

Observa-se, no entanto, que, apesar de o Programa Mundial para Educação em Direitos Humanos recomendar "integrar a educação em direitos humanos aos planos nacionais setoriais para a educação superior"[271], o PNE não dá ênfase à EDH no tocante à educação superior. Em relação a esta, o PNE apresenta as metas 12, 13 e 14, as quais tratam da elevação da taxa de matrícula e da qualidade:

> Meta 12: elevar a taxa bruta de matrícula na educação superior para 50% (cinquenta por cento) e a taxa líquida para 33% (trinta e três por cento) da população de 18 (dezoito) a 24 (vinte e quatro) anos, assegurada a qualidade da oferta e expansão para, pelo menos, 40% (quarenta por cento) das novas matrículas, no segmento público. [...]
> Meta 13: elevar a qualidade da educação superior e ampliar a proporção de mestres e doutores do corpo docente em efetivo exercício no conjunto do sistema de educação superior para 75% (setenta e cinco por cento), sendo, do total, no mínimo, 35% (trinta e cinco por cento) doutores. [...]
> Meta 14: elevar gradualmente o número de matrículas na pós-graduação stricto sensu, de modo a atingir a titulação anual de 60.000 (sessenta mil) mestres e 5.000 (vinte e cinco mil) doutores.[272]

Mesmo que o PNE tenha feito referência à temática, a EDH, demanda ávido fortalecimento como uma estratégia fundamental para a ampliação do acesso ao debate e à reflexão, bem como conscientização à dignidade humana, às condições de desenvolvimento social e toda análise crítica que o tema pressupõe. Por meio da EDH, os DH devem ser refletidos em todas as esferas.

## O PNEDH e a legislação vigente

A Portaria 66/2003 da Secretaria Especial dos Direitos Humanos criou o Plano Nacional de Educação em Direitos Humanos, o qual, entre os seus objetivos gerais, prevê o papel estratégico da EDH para o fortalecimento do Estado democrático de direito. Organizado em capítulos, o PNEDH traça concepções, princípios e ações programáticas em relação a educação básica, educação superior, educação não formal, educação dos profissionais dos sistemas, de justiça e segurança e educação e mídia. O

---
[271] UNESCO, 2012, p. 13.
[272] BRASIL, 2014a.

PNEDH afiança que os Direitos Humanos podem ser incluídos na educação superior como "disciplinas obrigatórias e optativas, linhas de pesquisa e áreas de concentração, transversalização no projeto político-pedagógico, entre outros"[273]. E aduz as ações programáticas quanto à educação superior:

- Propor a temática da educação em direitos humanos para subsidiar as diretrizes curriculares das áreas de conhecimento das IES.

- Divulgar o PNEDH junto à sociedade brasileira, envolvendo a participação efetiva das IES.

- Fomentar e apoiar, por meio de editais públicos, programas, projetos e ações das IES voltados para a educação em direitos humanos.

- Solicitar às agências de fomento a criação de linhas de apoio à pesquisa, ao ensino e à extensão na área de educação em direitos humanos.

- Promover pesquisas em nível nacional e estadual com o envolvimento de universidades públicas, comunitárias e privadas, levantando as ações de ensino, pesquisa e extensão em direitos humanos, de modo a estruturar um cadastro atualizado e interativo.

- Incentivar a elaboração de metodologias pedagógicas de caráter transdisciplinar e interdisciplinar para a educação em direitos humanos nas IES.

- Estabelecer políticas e parâmetros para a formação continuada de professores em educação em direitos humanos, nos vários níveis e modalidades de ensino.

- Contribuir para a difusão de uma cultura de direitos humanos, com atenção para a educação básica e para a educação não-formal nas suas diferentes modalidades, bem como formar agentes públicos nessa perspectiva, envolvendo discentes e docentes da graduação e da pós-graduação.

- Apoiar a criação e o fortalecimento de fóruns, núcleos, comissões e centros de pesquisa e extensão destinados à promoção, defesa, proteção e ao estudo dos direitos humanos nas IES.

- Promover o intercâmbio entre as IES no plano regional, nacional e internacional para a realização de programas e projetos na área da educação em direitos humanos.

---

[273] *Idem*, 2007, p. 26.

- Fomentar a articulação entre as IES, as redes de educação básica e seus órgãos gestores (secretarias estaduais e municipais de educação

e secretarias municipais de cultura e esporte), para a realização de programas e projetos de educação em direitos humanos voltados para a formação de educadores e de agentes sociais das áreas de esporte, lazer e cultura.

- Propor a criação de um setor específico de livros e periódicos em direitos humanos no acervo das bibliotecas das IES.

- Apoiar a criação de linhas editoriais em direitos humanos junto às IES, que possam contribuir para o processo de implementação do PNEDH.

- Estimular a inserção da educação em direitos humanos nas conferências, congressos, seminários, fóruns e demais eventos no campo da educação superior, especialmente nos debates sobre políticas de ação afirmativa.

- Sugerir a criação de prêmio em educação em direitos humanos no âmbito do Ministério da Educação (MEC), com apoio da Secretaria Especial de Direitos Humanos (SEDH), para estimular as IES a investir

em programas e projetos sobre esse tema.

- Implementar programas e projetos de formação e capacitação sobre educação em direitos humanos para gestores(as), professores(as), servidores(as), corpo discente das IES e membros da comunidade local.

- Fomentar e apoiar programas e projetos artísticos e culturais na área da educação em direitos humanos nas IES.

- Desenvolver políticas estratégicas de ação afirmativa nas IES que possibilitem a inclusão, o acesso e a permanência de pessoas com deficiência e aquelas alvo de discriminação por motivo de gênero, de orientação sexual e religiosa, entre outros e seguimentos geracionais e étnico-raciais.

- Estimular nas IES para a realização de projetos de educação em direitos humanos sobre a memória do autoritarismo no Brasil, fomentando a pesquisa, a produção de material didático, a identificação e organização de acervos históricos e centros de referências.

- Inserir a temática da história recente do autoritarismo no Brasil em editais de incentivo a projetos de pesquisa e extensão universitária.

• Propor a criação de um Fundo Nacional de Ensino, Pesquisa e Extensão para dar suporte aos projetos na área temática da educação em direitos humanos a serem implementados pelas IES. (BRASIL, 2016).

Várias normas foram publicadas[274] em convergência com as ações programáticas, porém as ações programáticas estão muito ligadas a incentivos. É importante destacar que a educação em Direitos Humanos tem história recente na educação brasileira. A análise e avaliação das políticas públicas no que se refere aos Direitos Humanos e à educação superior é confiar que a construção de uma sociedade mais justa passa pelo despertar e pelo compromisso da comunidade acadêmica na ressignificação dos aspectos historicamente construídos na educação superior. É acreditar que, com essa ressignificação, a educação pode ser vista como uma força motriz para a garantia de direitos fundamentais.

Não se pode ignorar que a avalanche de informações promovida pela Inteligência Artificial (IA) e, ao mesmo tempo, pela exclusão promovida pelo não acesso à IA, aliada às sequelas deixadas pela calamidade pública provocada pela pandemia da covid-19, expõem desafios imensuráveis no recinto da educação em Direitos Humanos. Por outro rumo, é também a rapidez com que as informações transitam e com que parte das pessoas

---

[274] Destacamos a seguir algumas normas:
Decreto n.º 11.851, de 26 de dezembro de 2023. Institui o Comitê Nacional de Educação e Cultura em Direitos Humanos.
Resolução n.º 7 do CNE, de 18 de dezembro de 2018. Estabelece as Diretrizes para a Extensão na Educação Superior Brasileira e regimenta o disposto na Meta 12.7 da Lei n.º 13.005/2014, que aprova o Plano Nacional de Educação – PNE 2014 – 2024 e dá outras providências.
Portaria MEC n.º 243, de 15 de abril de 2016. Estabelece os critérios para o funcionamento, a avaliação e a supervisão de instituições públicas e privadas que prestam atendimento educacional a alunos com deficiência, transtornos globais do desenvolvimento e altas habilidades/superdotação.
Lei n.º 13.185/2015. Instituiu o combate à intimidação sistemática, *bullying*.
Lei n.º 13.234/2015. Altera a Lei n.º 9.394, de 20 de dezembro de 1996 (Lei de Diretrizes e Bases da Educação Nacional), para dispor sobre a identificação, o cadastramento e o atendimento, na educação básica e na educação superior, de alunos com altas habilidades ou superdotação.
Portaria Normativa n.º 21, de 28 de agosto de 2013. Dispõe sobre a inclusão da educação para as relações étnico - raciais, do ensino de História e Cultura Afro-Brasileira e Africana, promoção da igualdade racial e enfrentamento ao racismo nos programas e ações do Ministério da Educação.
Resolução CNE/CP n.º 2, de 15 de junho de 2012, que estabelece as Diretrizes Curriculares Nacionais para a Educação Ambiental.
Resolução CNE/CP n.º 1, de 30 de maio de 2012. Estabelece Diretrizes Nacionais para a Educação em Direitos Humanos.
Lei n.º 12.416, de 9 de junho de 2011. Altera a Lei n.º 9.394, de 20 de dezembro de 1996 (Lei de Diretrizes e Bases da Educação Nacional) para dispor sobre a oferta de educação superior para os povos indígenas.
Decreto n.º 5.626, de 22 de dezembro de 2005. Regulamenta a Lei n.º 10.436, de 24 de abril de 2002, que dispõe sobre a Língua Brasileira de Sinais, e o Art. 18 da Lei n.º 10.098, de 19 de dezembro de 2000.

conseguem se comunicar e a experiência de viver uma crise humanitária, como foi a pandemia, que poderão propulsar a sensibilização e o engajamento das sociedades aos temas dos Direitos Humanos.

Para tanto, a educação superior incorre em imprescindível função a fim de, por meio da consciência provocada pela educação, criar uma cultura social de promoção, restauração e desenvolvimento dos Direitos Humanos. Evidente que sua exegese ultrapassa a fundamentação teórica e a formalização de compromissos. Os compromissos expressos em documentos institucionais são importantes para a exigência por resultados no âmbito da educação formal. Em recentes normas regulatórias, encontramos a previsão de compromissos quanto ao desenvolvimento e ao fortalecimento da educação em Direitos Humanos.

Por meio das exigências da regulação, surge um liame entre a consciência, o desenvolvimento e a requisição de direitos pela comunidade acadêmica. A garantia de direitos, em especial a garantia de direito à educação, é imprescindível para o desenvolvimento social. Confiar que a EDH na educação superior poderá consolidar ações de responsabilidade social que garantam a promoção de condições mais igualitárias é um caminho, mas, também, é fundamental ter consciência de que a EDH não corrigirá todas as injustiças e distorções sociais.

Assim, educar em Direitos Humanos deve fazer parte das conquistas e dos desafios diários da educação superior, sobressaindo-se a conceitos avaliativos, indicadores e compromissos expressamente estabelecidos. Deve ultrapassar a discussão e permitir a mudança de consciência social e promoção de ações transformadoras. A compreensão de Direitos Humanos não pode ficar reduzida a legislação, documentos e compromissos expressos em papel. Ela deve também voltar-se a ações mobilizadoras e práticas pedagógicas as quais os viabilizam. É uma passagem para se chegar à promoção e à garantia de direitos sociais e fundamentais. A EDH exige uma concepção de educação voltada para a promoção da emancipação humana e exige também a ampliação de políticas e programas que favoreçam o acesso, a permanência e conclusão da educação superior de qualidade e com êxito.

## Referências

BALL, S. J. Ball: um diálogo sobre justiça social, pesquisa e política educacional. [Entrevista cedida a] Jefferson Mainardes e Maria Inês Marcondes. **Educação & Sociedade**, Campinas, v. 30, n. 106, p. 303-318, jan./abr. 2009.

BALL, S. J. Diretrizes políticas globais e relações políticas locais em educação. **Currículo sem Fronteiras**, Porto Alegre, v. 1, p. 99-116, jul./dez. 2001.

BOBBIO, N. **A era dos direitos**. Rio de Janeiro: Campus, 1992.

BONETI, L. W. **Políticas públicas por dentro**. 3. ed. Ijuí: Unijuí, 2011.

BOURDIEU, P. **O poder simbólico**. 3. ed. Rio de Janeiro: Bertrand Brasil, 2000.

BOURDIEU, P. **Os usos sociais da ciência**: por uma sociologia clínica do campo científico. São Paulo: Editora Unesp, 2004.

BRASIL. [Constituição (1988)]. **Constituição da República Federativa do Brasil**: texto constitucional promulgado em 5 de outubro de 1988. Brasília, DF: Presidência da República, 1988. Disponível em: https://www.planalto.gov.br/ccivil_03/constituicao/constituicao.htm. Acesso em: 19 mar. 2024.

BRASIL. Comitê Nacional de Educação em Direitos Humanos. **Plano nacional de educação em direitos humanos - PNEDH**. Brasília: Secretaria Especial dos Direitos Humanos, Ministério da Educação, Ministério da Justiça; Unesco, 2007.

BRASIL. **Decreto n.º 1.904, de 13 de maio de 1996**. Institui o Programa Nacional de Direitos Humanos - PNDH. Brasília, DF: Presidência da República, 1996a.

BRASIL. **Decreto n.º 4.229, de 13 de maio de 2002**. Dispõe sobre o Programa Nacional de Direitos Humanos - PNDH, instituído pelo Decreto nº 1.904, de 13 de maio de 1996, e dá outras providências. Brasília, DF: Presidência da República, 2002a.

BRASIL. **Decreto n.º 5.626, de 22 de dezembro de 2005**. Regulamenta a Lei n.º 10.436, de 24 de abril de 2002, que dispõe sobre a Língua Brasileira de Sinais - Libras, e o art. 18 da Lei n.º 10.098, de 19 de dezembro de 2000. Brasília, DF: Presidência da República, 2005.

BRASIL. **Decreto n.º 7.037, de 21 de dezembro de 2009**. Programa Nacional de Direitos Humanos – PNDH-3. Brasília, DF: Presidência da República, 2009.

BRASIL. **Decreto n.º 7.177, de 12 de maio de 2010**. Altera o Anexo do Decreto no 7.037, de 21 de dezembro de 2009, que aprova o Programa Nacional de Direitos Humanos - PNDH-3. Brasília, DF: Presidência da República, 2010.

BRASIL. **Decreto n.º 11.851, de 26 de dezembro de 2023**. Institui o Comitê Nacional de Educação e Cultura em Direitos Humanos. Brasília, DF: Presidência da República, 2023.

BRASIL. **Legislação**. Brasília, DF: Presidência da República, c2017a.

BRASIL. **Lei n.º 8.069, de 13 de julho de 1990**. Brasília, DF: Presidência da República, 1990. Disponível em: http://www.planalto.gov.br/ccivil_03/leis/L8069.htm. Acesso em: 18 mar. 2024.

BRASIL. **Plano nacional de educação em direitos humanos** - PNEDH. Ministério da Educação, Ministério da Justiça. UNESCO, 2007. Disponível em: http://portal.mec.gov.br/docman/2191-plano-nacional-pdf/file. Acesso em: 26 jan. 2016.

BRASIL. **Lei n.º 9.394, de 20 de dezembro de 1996**. Estabelece as diretrizes e bases da educação nacional. Brasília, DF: Presidência da República, 1996b. Disponível em: http://www.planalto.gov.br/ccivil_03/Leis/L9394.htm. Acesso em: 19 mar. 2024.

BRASIL. **Lei n.º 9.795, de 27 de abril de 1999**. Dispõe sobre a educação ambiental, institui a Política Nacional de Educação Ambiental e dá outras providências. Brasília, DF: Presidência da República, 1999. Disponível em: http://www.planalto.gov.br/ccivil_03/leis/L9795.htm. Acesso em: 9 mar. 2016.

BRASIL. **Lei n.º 10.098, de 19 de dezembro de 2000**. Estabelece normas gerais e critérios básicos para a promoção da acessibilidade das pessoas portadoras de deficiência ou com mobilidade reduzida, e dá outras providências. Brasília, DF: Presidência da República, 2000. Disponível em: https://www.planalto.gov.br/ccivil_03/leis/l10098.htm. Acesso em: 18 mar. 2024.

BRASIL. **Lei n.º 10.436, de 24 de abril de 2002**. Dispõe sobre a Língua Brasileira de Sinais - Libras e dá outras providências. Brasília, DF: Presidência da República, 2002b. Disponível em: http://www.planalto.gov.br/ccivil_03/LEIS/2002/L10436.htm. Acesso em: 19 mar. 2024.

BRASIL. **Lei n.º 10.861, de 14 de abril de 2004**. Institui o Sistema Nacional de Avaliação da Educação Superior – SINAES e dá outras providências. Brasília, DF: Presidência da República, 2004. Disponível em: http://www.planalto.gov.br/ccivil_03/_ato2004-2006/2004/lei/l10.861.htm. Acesso em: 19 mar. 2024.

BRASIL. **Lei n.º 12.416, de 9 de junho de 2011**. Altera a Lei n.º 9.394, de 20 de dezembro de 1996 (Lei de Diretrizes e Bases da Educação Nacional) para dispor sobre a oferta de educação superior para os povos indígenas. Brasília, DF: Presidência da República, 2011. Disponível em: https://www.planalto.gov.br/ccivil_03/_ato2011-2014/2011/lei/l12416.htm. Acesso em: 21 mar. 2024.

BRASIL. **Lei n.º 13.005, de 25 de junho de 2014**. Aprova o Plano Nacional de Educação - PNE e dá outras providências. Brasília, DF: Presidência da República, 2014a. Disponível em: http://www.planalto.gov.br/ccivil_03/_ato2011-2014/2014/lei/l13005.htm. Acesso em: 2 fev. 2024.

BRASIL. **Lei n.º 13.146, de 6 de julho de 2015**. Institui a Lei Brasileira de Inclusão da Pessoa com Deficiência (Estatuto da Pessoa com Deficiência). Brasília, DF: Presidência da República, 2015a. Disponível em: http://www.planalto.gov.br/ccivil_03/_ato2015-2018/2015/Lei/L13146.htm. Acesso em: 1 fev. 2024.

BRASIL. **Lei n.º 13.185, de 6 de novembro de 2015**. Institui o Programa de Combate à Intimidação Sistemática (Bullying). Brasília, DF: Presidência da República, 2015b. Disponível em: https://www.planalto.gov.br/ccivil_03/_ato2015-2018/2015/lei/l13185.htm. Acesso em: 20 mar. 2024.

BRASIL. **Lei n.º 13.234, 29 de dezembro de 2015**. Altera a Lei n º 9.394, de 20 de dezembro de 1996 (Lei de Diretrizes e Bases da Educação Nacional), para dispor sobre a identificação, o cadastramento e o atendimento, na educação básica e na educação superior, de alunos com altas habilidades ou superdotação. Brasília, DF: Presidência da República, 2015c. Disponível em: https://www.planalto.gov.br/ccivil_03/_ato2015-2018/2015/lei/l13234.htm. Acesso em: 20 mar. 2024.

BRASIL. Ministério da Educação. Conselho Nacional de Educação. **Atos normativos**. Brasília, DF: CNE, c2017b.

BRASIL. Ministério da Educação. Conselho Nacional de Educação. **Resolução n.º 1, de 30 de maio de 2012**. Estabelece Diretrizes Nacionais para a Educação em Direitos Humanos. Brasília, DF: MEC/CNE, 2012a.

BRASIL. Ministério da Educação. Conselho Nacional de Educação. **Resolução CNE/CP n.º 2, de 15 de junho de 2012**. Estabelece as Diretrizes Curriculares Nacionais para a Educação Ambiental. Brasília, DF: MEC/CNE, 2012b.

BRASIL. Ministério da Educação. Conselho Nacional de Educação. **Resolução n.º 7 do CNE, de 18 de dezembro de 2018**. Estabelece as Diretrizes para a Extensão na Educação Superior Brasileira e regimenta o disposto na Meta 12.7 da Lei n. 13.005/2014, que aprova o Plano Nacional de Educação – PNE 2014 – 2024 e dá outras providências. Brasília, DF: MEC/CNE, 2018a.

BRASIL. Ministério da Educação. **Parecer n.º**: 8/2012. Diretrizes Nacionais para a Educação em Direitos Humanos. Brasília: MEC, 2012c.

BRASIL. Ministério da Educação. **Planejando a próxima década**: conhecendo as 20 metas do plano nacional de educação. Brasília, DF: MEC, 2014b.

BRASIL. Ministério da Educação. **Portaria MEC n.º 243, de 15 de abril de 2016**. Estabelece os critérios para o funcionamento, a avaliação e a supervisão de instituições públicas e privadas que prestam atendimento educacional a alunos com deficiência, transtornos globais do desenvolvimento e altas habilidades/superdotação. Brasília, DF: MEC, abr. 2016a.

BRASIL. Ministério da Educação. **Portaria n.º 1.793, de dezembro de 1994**. Recomenda a inclusão da disciplina "Aspectos ético-político-educacionais da normalização e integração da pessoa portadora de necessidades especiais", nos cursos de Pedagogia, Psicologia e em todas as licenciaturas. Brasília, DF: MEC, 1994.

BRASIL. Ministério da Educação. **Portaria Normativa n.º 21, de 28 de agosto de 2013**. Dispõe sobre a inclusão da educação para as relações étnico - raciais, do ensino de História e Cultura Afro-Brasileira e Africana, promoção da igualdade racial e enfrentamento ao racismo nos programas e ações do Ministério da Educação. Brasília, DF: MEC, 2013a.

BRASIL. **Pacto universitário pela promoção do respeito à diversidade e da cultura de paz e direitos humanos**. Brasília, DF: Ministério da Justiça e Cidadania, 2016b.

BRASIL. **Plano nacional de educação em direitos humanos - PNEDH**. 3. reimpr. simplificada. Brasília, DF: Ministério dos Direitos Humanos, 2018b.

BRASIL. Presidência da República. **Educação em direitos humanos**: diretrizes nacionais. Brasília, DF: Coordenação-Geral de Educação em Direitos Humanos, Secretaria Nacional de Promoção e Defesa dos Direitos Humanos, 2013b.

BRASIL. Secretaria Especial de Direitos Humanos. **Legislação**. Brasília, DF: SDH, c2017.

CANOTILHO, J. J. G. O direito constitucional como ciência de direcção: o núcleo essencial de prestações sociais ou a localização incerta da socialidade (contributo para a reabilitação da força normativa da "constituição social"). **Revista de Doutrina da 4ª Região**, Porto Alegre, n. 22, fev. 2008.

CATANI, A. M. As possibilidades analíticas da noção de campo social. **Educação & Sociedade**, Campinas, v. 32, n. 114, p. 189-202, jan./mar. 2011.

GALBRAITH, J. K. **A sociedade justa**: uma perspectiva humana. 6. ed. Rio de Janeiro: Campus, 2001.

GUARESCHI, N. M. F.; LARA, L.; ADEGAS, M. A. Políticas públicas entre o sujeito de direitos e o *Homo economicus*. **Psico**, Porto Alegre. v. 41, n. 3, p. 332-339, jul. 2010.

ORGANIZAÇÃO DAS NAÇÕES UNIDAS (ONU). **Declaração e programa de ação de Viena**. Conferência Mundial sobre Direitos Humanos, 14-25 de junho de 1993, Viena.

ORGANIZAÇÃO DAS NAÇÕES UNIDAS (ONU). **Declaração universal dos direitos humanos**. Paris: ONU, 1948.

ORGANIZAÇÃO DAS NAÇÕES UNIDAS (ONU). **Pacto internacional dos direitos econômicos, sociais e culturais**. Paris: ONU, 1966.

ORGANIZAÇÃO DAS NAÇÕES UNIDAS PARA A EDUCAÇÃO, A CIÊNCIA E A CULTURA (UNESCO). **Comunicado da Conferência Mundial sobre Ensino Superior da Unesco de 2009**. Paris: Unesco, 2009.

ORGANIZAÇÃO DAS NAÇÕES UNIDAS PARA A EDUCAÇÃO, A CIÊNCIA E A CULTURA (UNESCO). **Plano de ação**: programa mundial para a educação em direitos humanos – segunda fase. 2012. Brasília, DF: Unesco – Representação no Brasil, 2012.

ORGANIZAÇÃO DAS NAÇÕES UNIDAS PARA A EDUCAÇÃO, A CIÊNCIA E A CULTURA (UNESCO). **Reimaginar nossos futuros juntos**: um novo contrato social para a educação. Brasília, DF; Boadilla del Monte: Comissão Internacional sobre os Futuros da Educação, Unesco; Fundación SM, 2022.

SANTOS, B. S. **Se Deus fosse um ativista dos direitos humanos**. 2. ed. São Paulo: Cortez, 2014.

SHIROMA, E. O.; MORAIS, M. C. M.; EVANGELISTA, O. **Política educacional**. Rio de Janeiro: DP&A, 2004.

SHIROMA, E. O.; SANTOS, F. A. Slogans para a construção do consentimento ativo. *In*: EVANGELISTA, O. (org.). **O que revelam os slogans na política educacional**. Araraquara: Junqueira e Marin, 2014. p. 20-45.

# 6

# POLÍTICAS PÚBLICAS PARA A JUVENTUDE E O ACESSO À EDUCAÇÃO SUPERIOR

*Carlos Felipe Fischer*
*Maria Lourdes Gisi*

## Introdução

Este texto[275] tem como objeto de estudo as políticas públicas para juventude, visando especificamente responder se o acesso à educação superior é contemplado no Estatuto da Juventude e como vem sendo viabilizado em um município do Sul do país. Discute o Estatuto da Juventude no contexto da educação brasileira como mais um diploma legal que contempla a inclusão dos jovens na educação superior (entende-se que essa inclusão é requisito para o protagonismo e a mobilidade social da juventude)[276].

Ao se considerar que o Estado brasileiro não se encontra numa condição de acesso pleno à educação superior, tem-se que o Estatuto da Juventude emerge de fundamental importância para os direitos da juventude. Ao ser entendido como um diploma legal para a garantia do acesso à educação superior para os jovens que se encontram em pleno desenvolvimento e transformações de ordem física, psicológica, cultural e econômica no contexto da vida real, seria o Estatuto da Juventude tão somente mais uma legislação que não consegue alterar as condições de acesso?

---

[275] Texto oriundo da dissertação de mestrado em Educação realizada na Pontifícia Universidade Católica do Paraná.

[276] De acordo com o Estatuto da Juventude, é considerado jovem o sujeito entre 15 e 29 anos, *in verbis*: "Art. 1o (OMISSIS):
§ 1o Para os efeitos desta Lei, são consideradas jovens as pessoas com idade entre 15 (quinze) e 29 (vinte e nove) anos de idade.
§ 2o Aos adolescentes com idade entre 15 (quinze) e 18 (dezoito) anos aplica-se a Lei no 8.069, de 13 de julho de 1990 - Estatuto da Criança e do Adolescente e, excepcionalmente, este Estatuto, quando não conflitar com as normas de proteção integral do adolescente" (BRASIL. **Lei n.º 12.852, de 5 de agosto de 2013**. Institui o Estatuto da Juventude e dispõe sobre os direitos dos jovens, os princípios e diretrizes das políticas públicas de juventude e o sistema nacional de juventude - SINAJUVE. Brasília, DF: Presidência da República, 2013).

## Políticas públicas de juventude

A juventude é plural e busca reconhecimento por meio da participação social em diferentes contextos e agrupamentos juvenis, entre os quais podem ser citadas: a arte, as mídias e redes sociais, as organizações esportivas, educacionais, religiosas e raciais. Conforme Macedo, o reconhecimento da sua diversidade

> [...] contribui como contraponto aos velhos discursos que associam a juventude à violência ou reproduzem que a juventude atual não é tão avançada como a de outrora. Mas não basta apenas perceber a diversidade; é preciso ter política concreta para cada um dos segmentos juvenis para inseri-los na promoção do novo desenvolvimento.[277]

Entre tantas ações e organizações que movimentam a trajetória histórica das políticas públicas de juventude, observa-se uma história de lutas, por meio dos movimentos e agrupamentos juvenis, para o reconhecimento e valorização de cada jovem como cidadão. De acordo com Mota e Teixeira,

> A trajetória das políticas de juventude tem suas primeiras expressões com o Código de Menores de 1927, extinto em 1970. Tal política visava o ingresso de jovens no mercado de trabalho e, principalmente, o "saneamento social" de indivíduos indesejáveis. Também surgiram outras políticas na sequência, com o mesmo caráter de controle social através da educação. Outras tendências de políticas de juventude e adolescentes, aparecem na área da saúde e são marcadas pelo foco da prevenção de condutas de risco (Doenças sexualmente transmissíveis - DST/AIDS, drogas, acidentes de trânsito e gravidez precoce), no final da década de 1980.[278]

Cumpre ressaltar que os percursos das políticas públicas de juventude são conflituosos e contraditórios, pois, por vezes, partem da realidade da juventude, porém, muitas outras vezes, as ações estatais mascaram a necessidade do jovem. A história dos direitos da juventude perpassa

---

[277] MACEDO, S. C. Juventude brasileira em clima de novas perspectivas. *In*: PAPA, F. C.; FREITAS, M. V. (org.). **Juventude em pauta**: políticas públicas no Brasil. São Paulo: Peirópolis, 2012. p. 220-226. p. 223.
[278] MOTA, G. L.; TEIXEIRA, R. Cenário das políticas de juventude: atores no amanhecer das oportunidades e dos direitos. *In*: CUSTÓDIO, A. V.; VIEIRA, R. S. **Estado, política e direito**: políticas públicas e direitos sociais. Criciúma: Ed. Unesc, 2011. p. 227-240. p. 229.

diversas transformações sociais e culturais, de maneira que as suas argumentações emergem para o desenvolvimento pleno do sujeito em diferentes contextos sociais.

Os avanços em termos legais, efetivamente, podem ser atribuídos àquelas conquistas que buscam a defesa de direitos de modo mais amplo, como foi com a aprovação da Constituição federal de 1988. Considera-se que o movimento de participação popular, de organizações da sociedade civil e de alguns setores do poder público foi essencial para que nessa Constituição fosse incorporada a possibilidade de uma maior coletividade social nas tomadas de decisões do Estado.

> No processo constituinte de 1986-1988 essas concepções políticas foram detalhadas e aprofundadas. O movimento social levou para a Constituinte, além da luta pela democratização e publicização do Estado, a necessidade do controle social, incorporando cinco dimensões: (1) formulação, (2) deliberação, (3) monitoramento, (4) avaliação e (5) financiamento das políticas públicas (orçamento público). A Constituição de 1988 transformou essas questões em diretrizes de diversas políticas, especialmente as chamadas políticas sociais.[279]

Com as diretrizes políticas estabelecidas na Constituição, viabilizou-se uma maior participação da sociedade nas decisões do Estado, por meio do processo descentralizado de criação das políticas públicas[280].

Nesse processo para a efetivação dos direitos da juventude, bem como de políticas públicas de juventude, assinala-se a criação do Estatuto da Criança e do Adolescente (ECA), em 1990, pela Lei 8.069. Compreendendo-se que o ECA é importante para a história construída e vivida pelos jovens que estão na faixa etária abarcada pelo documento[281][282]. No entanto, com o documento legal de defesa dos direitos da criança e do adolescente, considerou-se a doutrina de proteção integral, mas que ainda não se concretizou, pois o jovem cada vez mais aparece nos noticiários

---

[279] MORONI, 2006 *apud* SOUZA, P. I. A. A participação nas políticas públicas de juventude. *In*: PAPA, F. C.; FREITAS, M. V. (org.). **Juventude em pauta**: políticas públicas no Brasil. São Paulo: Peirópolis, 2012. p. 161-186. p. 163.

[280] BRASIL. [Constituição (1988)]. **Constituição da República Federativa do Brasil**. Brasília: Senado Federal, 1988.

[281] Aos adolescentes com idade entre 15 e 18 anos, aplica-se a Lei 8.069, de 13 de julho de 1990, o Estatuto da Criança e do Adolescente.

[282] BRASIL. **Lei n.º 8.069, de 13 de julho de 1990**. Dispõe sobre o estatuto da criança e do adolescente e dá outras providências. Brasília, DF: Presidência da República, 1990.

sendo vítima da criminalidade que marginaliza e muitas vezes extermina o jovem em "desajustes" no entorno social. O jovem é uma vítima que, na maioria das vezes, é descaracterizada pelo sistema capitalista, que produz o sujeito descartável, aquele que é moldado para atender ao capital, e excluído quando não se "ajusta" aos conceitos hegemônicos.

A mobilização para a construção e aprovação do ECA mobilizou os movimentos sociais juvenis que contribuem para a criação de políticas de juventude que são sementes lançadas como base de direitos dos jovens. Na década de 1990, as primeiras ações efetivas de políticas públicas de juventude surgem, especialmente, por meio de uma parceria entre o governo federal e a Organização das Nações Unidas para a Educação, a Ciência e a Cultura (Unesco).

> É a partir do início da década de 1990 que conseguimos visualizar inúmeras iniciativas governamentais articuladas, de modo particular com a Unesco, sobretudo no segundo mandato do governo de Fernando Henrique Cardoso, que visava a promoção dos direitos juvenis. No período de 1994 a 2002, no âmbito federal, foram lançados 33 programas focados nos jovens, dando a conotação de uma trajetória na formulação de políticas de juventude.[283]

Entre os primeiros programas governamentais voltados especificamente para o público jovem, pode-se citar o programa Brasil Jovem, dirigido a jovens entre 15 e 17 anos em condição de vulnerabilidade social e econômica, o qual objetivava o desenvolvimento pessoal, social e comunitário do jovem, preparando-o para a futura inserção no mercado de trabalho e para a atuação consciente na comunidade. A partir do ano de 2003, com o governo Lula, outras ações voltadas para o público jovem são criadas, entre os quais o programa Primeiro Emprego, instituindo maior visibilidade aos grupos juvenis. Em 2003, foi criada a Comissão Especial de Juventude da Câmara de Deputados, que fez surgir várias audiências públicas sobre juventude pelo país, e também aconteceram dois grandes encontros nacionais em 2003/2004 para discutir políticas de juventude. No ano de 2004, na finalização dos trabalhos da Comissão Especial de Juventude, foi apresentado o Projeto de Lei 4.529, que dispunha sobre a criação de um Estatuto da Juventude[284].

---

[283] MOTA; TEIXEIRA, 2011, p. 229.

[284] BRASIL. Câmara dos Deputados. **Projeto de Lei n.º 4.529-C de 2004**. (Da Comissão Especial destinada a acompanhar e estudar propostas de Políticas Públicas para a Juventude). [Brasília, DF: Câmara dos Deputados, 2004].

A força da juventude nas ruas, praças, comunidades, escolas, igrejas, associações de bairro e no trabalho e outros espaços junta-se à mobilização institucional em face do Estado, abrindo caminhos ao diálogo entre o poder público e a sociedade civil, sendo criados, no ano de 2005, a Secretaria Nacional da Juventude (SNJ) e o Conselho Nacional da Juventude (Conjuve). E, posteriormente, muitos outros conselhos de juventude de nível estadual e municipal pelo país começam a se organizar em defesa dos direitos dos jovens.

> Esse processo propôs a criação dos seguintes órgãos: Secretaria Nacional de Políticas de Juventude (no âmbito federal), Instituto Brasileiro de Juventude e Conselho Nacional de Juventude. Elaboram-se projetos de Lei, instituindo o Plano Nacional de Juventude e o Estatuto da Juventude, a realização da Conferência Nacional de Juventude a cada dois anos, e 2005, como o Ano da Juventude, além de transformar a Comissão Especial em Comissão Permanente e propor nova emenda a Constituição modificando a redação do artigo 227, incluindo a expressão jovem.[285]

A mobilização dos grupos juvenis coletivamente, bem como o diálogo aberto entre a sociedade e o Estado, possibilitou a apresentação da proposta de emenda à constituição visando incluir o jovem expressamente na Constituição federal, ampliando os direitos.

Aconteceram duas Conferências Nacionais de Juventude em 2008 e 2011, organizadas pelo Conjuve, as quais são marcos importantes na discussão sobre os anseios da coletividade de jovens.

> A primeira Conferência, realizada em 2008, foi responsável pela importante mobilização de governos e movimentos juvenis em torno das bandeiras da juventude, ampliando seu reconhecimento e legitimidade. Neste segundo encontro, a juventude levantou novamente suas causas, mas tratou também de debater os rumos do desenvolvimento nacional a partir do olhar da maior geração de jovens da nossa história. Mais do que novas políticas públicas, o documento base e as propostas do texto "Para desenvolver o Brasil" apontam essa sintonia do debate da juventude com um projeto de país mais justo e democrático.[286]

---

[285] MOTA; TEIXEIRA, 2011, p. 230.
[286] BRASIL. Secretaria Nacional da Juventude. **Pra 2012 nascer feliz**: desafios da 2ª Conferência de Juventude. Brasília, DF: Secretaria Nacional da Juventude, 2012b.

As Conferências Nacionais da Juventude articulam, além de políticas públicas de juventude, um debate sobre a realidade do jovem nos seus diferentes meios sociais e reafirmam a importância da inserção dos jovens no processo decisório do Estado, por meio da participação juvenil e aumento de políticas públicas de juventude que necessitam que sua voz seja ouvida.

Nesse contexto, os movimentos juvenis nos agrupamentos juvenis do campo, cidade, escolas, comunidade ampliam a participação dos engajados em segmentos sociais para que os direitos dos jovens sejam efetivados. Nesse cenário, no Congresso Nacional, projetos tramitam e tramitaram visando ampliar os direitos dos jovens: projetos para inclusão do jovem na Constituição federal e projetos de lei para a instituição do Plano Nacional da Juventude e o Estatuto da Juventude. Nesse contexto, a proteção constitucional aos direitos de juventude surge como uma tentativa de resistência à opressão, na medida em que propõe possibilidades de garantias mínimas à juventude brasileira[287].

Um marco na luta pelos direitos dos jovens foi a Emenda Constitucional 65, aprovada no ano de 2010, pois constitucionalizou os direitos dos jovens ao inserir o termo "jovem" no Art. 227 da Constituição, levando as demandas juvenis para a seara constitucional. O artigo ficou assim redigido:

> Art. 227. É dever da família, da sociedade e do Estado assegurar à criança, ao adolescente e ao **jovem**, com absoluta prioridade, o direito à vida, à saúde, à alimentação, à educação, ao lazer, à profissionalização, à cultura, à dignidade, ao respeito, à liberdade e à convivência familiar e comunitária, além de colocá-los a salvo de toda forma de negligência, discriminação, exploração, violência, crueldade e opressão.[288]

O jovem foi contemplado constitucionalmente como sujeito de direitos, com necessidades e anseios específicos, possibilitando uma ampliação nas lutas por políticas públicas de juventude e melhores condições para as necessidades dos jovens.

Um projeto de lei que tem a finalidade de implantar o Plano Nacional da Juventude está em tramitação na Câmara dos Deputados desde o ano de 2004, e propõe um conjunto de metas de política juvenil para

---

[287] CUSTÓDIO, A. V. Direitos de juventude no Brasil contemporâneo: perspectivas para afirmação histórica de novos direitos fundamentais e políticas públicas. In: WOLKMER, A. C.; VIEIRA, R. S. **Estado, política e direito**: relações de poder e políticas públicas. Criciúma: Ed. Unesc, 2008. p. 197-218. p. 207.
[288] BRASIL, 1988.

serem efetivadas pela União. Nesse contexto, visa-se à implantação de políticas públicas de juventude. O projeto de lei do Estatuto da Juventude foi aprovado por ambas as casas legislativas e sancionado pela Presidência da República em 5 de agosto de 2013, sendo convertido na Lei 12.852/2013[289].

No fim do ano de 2015, teve lugar a III Conferência Nacional de Juventude[290], a qual mostrou um cenário de resistência da juventude diante da onda conservadora e reacionária que ganhou força na sociedade brasileira nesse momento histórico.

É importante destacar que,

> Mesmo com o fortalecimento das instituições participativas (principalmente as conferências e o conselho), segundo Silva e Macedo (2016), não houve alta efetividade dos espaços participativos institucionalizados no que diz respeito a influenciar as decisões do poder público.[291]

Percebe-se que, a partir do governo Bolsonaro, ocorreu um enfraquecimento das políticas de participação popular, até mesmo no que tange às políticas de juventude. Também ocorreu uma aparente redução de estudos relativos às políticas de juventude.

> Já no plano político-institucional mais recente, as instituições participativas têm enfrentado desafios para efetivação de seus objetivos. Por um lado, no governo Bolsonaro se intensificaram reações contrárias à própria democracia participativa, havendo inclusive tentativas de enfraquecimento dos mecanismos de participação que têm expressão, por exemplo, no Decreto n.º 9759/20192. Por outro lado, há dilemas próprios à efetivação da participação e do controle social expressos em questões como de representatividade, de conflito de competências nos processos de deliberação, da dependência em relação a ações e decisões do Executivo, e de questões relacionadas à própria metodologia de participação que tem implicações inclusive geracionais (ZENKER et al., 2021).[292]

---

[289] *Idem*, 2013.
[290] RIO GRANDE DO NORTE. **3ª Conferência Nacional da Juventude** elege 3 prioridades para o país. Natal: Governo Estadual, 2015.
[291] MAIO, I. P.; SILVA, C. F. Políticas de juventudes no Brasil: prioridades e investimentos do governo federal de 2012-2020. **Revista de Políticas Públicas**, São Luís, v. 26, n. 2, p. 839-858, 2022. p. 843.
[292] *Ibidem*, p. 843.

Esse contexto, aliado às poucas informações e à falta de um acompanhamento e avaliação das políticas, constitui um grande desafio para as políticas para a juventude. Sobre o período mencionado, Perez e Luz[293] denunciam o que chamam de "retrocesso nas políticas federais de juventude. [...] De modo geral, as fontes acessadas evidenciam o desmonte galopante das intenções institucionais que antes fortaleciam políticas públicas para a juventude".

No ano de 2023, após a alteração do chefe do Poder Executivo federal, foi realizada a IV Conferência Nacional de Juventude, no mês de dezembro do referido ano — destaca-se que não ocorriam conferências de juventude desde 2015[294].

A trajetória das políticas públicas de juventude é assinalada pelas lutas da coletividade dos grupos juvenis, pela consideração da juventude como cidadãos, providos de anseios e necessidades específicas. Busca-se que esses grupos juvenis possam ser reconhecidos como sujeitos de direitos e protagonistas no meio social, com autonomia e emancipação, princípios esses constantes e norteadores do Estatuto da Juventude, em especial o acesso à educação superior.

Peregrino e Prata, ao tratar do tema da juventude em relação à reforma do ensino médio, discutem a não centralidade de abordagens que contemplem os atores, isto é, os jovens que frequentam a escola o que demonstra que ainda falta maior consideração por aqueles que estão submetidos às políticas educacionais:

> [...] o debate acerca dos efeitos sobre a instituição escolar e seus atores é pouco pautado. Nossa contribuição busca atingir este objetivo: abordar a reforma do EM a partir do ponto de vista dos efeitos possivelmente desencadeados por ela sobre um conjunto importante de atores: os jovens que frequentam esse segmento da educação.[295]

---

[293] PEREZ; LUZ, 2019, p. 171 apud MAIO; SILVA, 2022, p. 843.

[294] BRASIL. **Lei nº 12.852, de 5 de agosto de 2013**. Institui o Estatuto da Juventude e dispõe sobre os direitos dos jovens, os princípios e diretrizes das políticas públicas de juventude e o sistema nacional de juventude - SINAJUVE. Brasília, DF: Presidência da República, 2013. Disponível em: http://www.planalto.gov.br/ccivil_03/_ato2011-2014/2013/lei/l12852.htm. Acesso em: 20 fev. 2024.

[295] PEREGRINO, M.; PRATA, J. M. Juventude como mirante dos fenômenos sociais e a reforma do ensino médio: o que se vê quando se olha de um outro lugar? **Revista Brasileira de Educação**, Rio de Janeiro, v. 28, e280052, p. 1-24, 2023. p. 3.

## O Estatuto da Juventude

O Estatuto da Juventude foi concebido para a positivação dos direitos juvenis, com a fixação de princípios e diretrizes para a formulação e estruturação de políticas públicas de juventude no Brasil, além de instituir o Sistema Nacional de Juventude (Sinajuve).

Com a aprovação do estatuto da juventude, as políticas públicas de juventude passam a seguir princípios e diretrizes definidos e garantidos por lei, agora com maiores possibilidades de implementação. De acordo com o Art. 1º do Estatuto da Juventude, em seus parágrafos 1º e 2º, são alcançados pelo estatuto os jovens na faixa etária entre 15 e 29 anos de idade, *in verbis:*

> § 1º Para os efeitos desta Lei, são consideradas jovens as pessoas com idade entre 15 (quinze) e 29 (vinte e nove) anos de idade.
> § 2º Aos adolescentes com idade entre 15 (quinze) e 18 (dezoito) anos aplica-se a Lei no 8.069, de 13 de julho de 1990 - Estatuto da Criança e do Adolescente, e, excepcionalmente, este Estatuto, quando não conflitar com as normas de proteção integral do adolescente.[296]

Contudo, cumpre esclarecer que a incidência do Estatuto da Juventude aos jovens entre 15 e 18 anos de idade é excepcional, sendo aplicado apenas quando o estatuto em estudo não conflitar com o ECA[297]. Imperioso ainda ressaltar que a aplicação conjunta de ambos os diplomas legais não ocasiona uma sobreposição de leis, pois o Estatuto da Juventude só será aplicado quando não conflitar com o ECA. Tais diplomas legais, apesar de versarem sobre pessoas na mesma faixa etária, têm incidência diversas, pois o ECA traz direitos diferentes dos que os garantidos pelo Estatuto da Juventude, complementando-se. Nesse sentido explica Severine Macedo:

> Em relação à idade, não queremos retroceder em nada os direitos já garantidos pelo ECA. O Estatuto da Juventude é complementar e extensivo ao ECA no que se trata à autonomia, emancipação e direito ao desenvolvimento integral dos jovens. Não há sobreposição, pois já existe um diálogo e entendimento entre os organismos que representam os jovens e adolescentes. Queremos manter um diálogo comum

---

[296] BRASIL, 2013.
[297] *Idem*, 1990.

e não a disputa de espaços. Reconhecemos também o esforço pela unidade no texto do Estatuto, com um consenso amplo entre o poder executivo e os movimentos e organizações da sociedade civil.[298]

O Estatuto da Juventude preza pela autonomia, emancipação e valorização do desenvolvimento integral do jovem. Nesse cenário, o ECA continuará sendo aplicado e o estatuto objeto do presente estudo será aplicado apenas em lacunas do ECA, valorizando a autonomia e emancipação dos jovens entre 15 e 29 anos de idade.

Em relação aos princípios de políticas públicas de juventude, o Estatuto da Juventude assim dispõe:

> Art. 2º O disposto nesta Lei e as políticas públicas de juventude são regidos pelos seguintes princípios:
> I - promoção da autonomia e emancipação dos jovens;
> II - valorização e promoção da participação social e política, de forma direta e por meio de suas representações;
> III - promoção da criatividade e da participação no desenvolvimento do País;
> IV - reconhecimento do jovem como sujeito de direitos universais, geracionais e singulares;
> V - promoção do bem-estar, da experimentação e do desenvolvimento integral do jovem;
> VI - respeito à identidade e à diversidade individual e coletiva da juventude;
> VII - promoção da vida segura, da cultura da paz, da solidariedade e da não discriminação; e
> VIII - valorização do diálogo e convívio do jovem com as demais gerações.
> Parágrafo único. A emancipação dos jovens a que se refere o inciso I do caput refere-se à trajetória de inclusão, liberdade e participação do jovem na vida em sociedade, e não ao instituto da emancipação disciplinado pela 10.406, de 10 de janeiro de 2002 - Código Civil.[299]

O estatuto da juventude consagra princípios para a relação entre a juventude, sociedade civil e o Estado, ao indicar princípios que norteiam o estatuto da juventude e as políticas públicas de juventude. O referido diploma legal busca entender o jovem na sua integralidade, valorizando

---

[298] MACEDO, 2013 apud CORREIA JUNIOR, C. O. F. **O estatuto da juventude**: um estudo sobre os limites e possibilidades da nova lei para as políticas públicas de juventude. 2013. Trabalho de Conclusão de Curso (Bacharelado em Serviço Social) – UFF, Rio das Ostras, 2013. p. 38.

[299] BRASIL, 2013.

sua autonomia, identidade, diversidade, objetivando promover uma cultura de solidariedade e paz e um bom convívio entre os sujeitos nessa faixa etária.

Além disso, o novo diploma legal prescreve diretrizes para o trabalho com políticas públicas de juventude, as quais podem ser encontradas no Art. 3º do Estatuto da Juventude:

> Art. 3º Os agentes públicos ou privados envolvidos com políticas públicas de juventude devem observar as seguintes diretrizes:
> I - desenvolver a intersetorialidade das políticas estruturais, programas e ações;
> II - incentivar a ampla participação juvenil em sua formulação, implementação e avaliação;
> III - ampliar as alternativas de inserção social do jovem, promovendo programas que priorizem o seu desenvolvimento integral e participação ativa nos espaços decisórios;
> IV - proporcionar atendimento de acordo com suas especificidades perante os órgãos públicos e privados prestadores de serviços à população, visando ao gozo de direitos simultaneamente nos campos da saúde, educacional, político, econômico, social, cultural e ambiental;
> V - garantir meios e equipamentos públicos que promovam o acesso à produção cultural, à prática esportiva, à mobilidade territorial e à fruição do tempo livre;
> VI - promover o território como espaço de integração;
> VII - fortalecer as relações institucionais com os entes federados e as redes de órgãos, gestores e conselhos de juventude;
> VIII - estabelecer mecanismos que ampliem a gestão de informação e produção de conhecimento sobre juventude;
> IX - promover a integração internacional entre os jovens, preferencialmente no âmbito da América Latina e da África, e a cooperação internacional;
> X - garantir a integração das políticas de juventude com os Poderes Legislativo e Judiciário, com o Ministério Público e com a Defensoria Pública; e
> XI - zelar pelos direitos dos jovens com idade entre 18 (dezoito) e 29 (vinte e nove) anos privados de liberdade e egressos do sistema prisional, formulando políticas de educação e trabalho, incluindo estímulos à sua reinserção social e laboral, bem como criando e estimulando oportunidades de estudo e trabalho que favoreçam o cumprimento do regime semiaberto.[300]

---
[300] *Ibidem.*

Do artigo supracitado, extrai-se que as políticas públicas de juventude devem ser efetivadas na integração entre diversos setores da sociedade, formulando e executando ações e programas com a efetiva presença da juventude. Os agentes promotores de políticas públicas de juventude devem garantir a inserção social do jovem, valorizando as especificidades de cada jovem, zelando por seus direitos, incluindo os que estejam à margem da sociedade, num sistema prisional deficitário, buscando valorizar, sempre, a emancipação e autonomia da juventude.

Correia Junior assim assinala:

> Os profissionais que trabalham ou irão trabalhar com o segmento da juventude deverão priorizar e nortear segundo o Estatuto, as diretrizes necessárias para a construção da emancipação e consolidação dos direitos da juventude.[301]

Os sujeitos e entidades que trabalham com juventude, devem efetivar programas e ações fundamentadas nos princípios e diretrizes indicadas pelo estatuto para a valorização do sujeito jovem como ser dotado de necessidades específicas. Portanto, o Estatuto da Juventude é um importante instrumento na definição de diretrizes para as políticas públicas de juventude a serem desenvolvidas no cenário brasileiro. Além disso, ele disciplina direitos relativos ao público jovem e dispõe acerca da necessidade da instituição de Conselhos de Juventude pelo país.

Em Jaraguá do Sul, Santa Catarina, o Conselho Municipal da Juventude (CMJ) está instituído desde 2005, porém, com o Estatuto da Juventude, o conselho recebeu um novo diploma legal de sustentação. Além disso, após a promulgação do estatuto, foi instituído no estado de Santa Catarina o Conselho Estadual da Juventude no ano de 2016.

De toda forma, nesses dez anos de vigência do Estatuto da Juventude, em que pese tenha existido um novo arcabouço legal para ampliação dos direitos das juventudes, percebe-se que efetivamente os direitos previstos no estatuto são de difícil aplicação, pois têm maior caráter principiológico, sem uma ampla concretude.

## Políticas de acesso à educação superior

O acesso à educação superior no Brasil ainda é para poucos, como explica Oliveira:

---

[301] CORREIA JUNIOR, 2013, p. 40.

> A história do acesso à educação superior no Brasil revela uma tensão permanente entre continuidade e ruptura com os mecanismos de seletividade social, mas com prevalência da continuidade dos modelos ou processos de seleção dos melhores, segundo as capacidades individuais, ainda que embasado, em geral, no discurso da igualdade de oportunidades e mesmo da democratização do acesso.[302]

Embora tenham sido feitos esforços para ampliar o acesso à educação superior, com programas como Programa Universidade Para Todos (Prouni), que concede bolsas de estudo integrais e parciais (50%), em instituições privadas de educação superior, em cursos de graduação e sequenciais de formação específica, a estudantes brasileiros[303]; Fundo de Financiamento Estudantil (Fies), um programa do Ministério da Educação, destinado a financiar prioritariamente estudantes de cursos de graduação regularmente matriculados em instituições de ensino não gratuitas cadastradas no programa com avaliação positiva no Sistema Nacional de Avaliação do Ensino Superior (Sinaes) e operacionalizado pelo Fundo Nacional de Desenvolvimento da Educação (FNDE)[304]. Ainda, tem-se a aprovação da Lei de Cotas, que contempla 50% das vagas nas instituições públicas de ensino para alunos negros, pardos, indígenas e/ou oriundos de escola pública, que é um importante instrumento para democratização no acesso à educação superior[305] e do Programa Nacional de Assistência Estudantil (Pnaes), um auxílio para estudantes que se encontram matriculados em instituições federais[306].

Tais programas se constituem em políticas compensatórias que buscam minimizar uma histórica desigualdade no acesso à educação superior. Esse esforço, no entanto, não foi suficiente para a solução do problema, pois ainda são poucos os estudantes matriculados na educação superior, de acordo com os dados do Censo de Educação Superior de 2018: somente 21,7% dos estudantes na faixa etária dos 18 a 24 anos estão matriculados na educação superior[307].

---

[302] OLIVEIRA, J. F. Acesso à educação superior no Brasil: entre o elitismo e as perspectivas de democratização. *In*: SOUSA, J. V. (org.). **Educação superior**: cenários, impasses e propostas. Campinas: Autores Associados, 2013. p. 273-313. p. 273.

[303] BRASIL. Lei n.º 11.096, de 13 de janeiro de 2005. Institui o Programa Universidade para Todos – PROUNI. **Diário Oficial da União**: seção 1, Brasília, DF, n. 10, p. 11, 14 jan. 2005.

[304] *Idem*. Lei n.º 10.260, de 12 de julho de 2001. Dispõe sobre o fundo de financiamento ao estudante do ensino superior e dá outras providências. **Diário Oficial da União**: seção 1, Brasília, DF, n. 134, p. 2, 13 jul. 2001.

[305] RIO GRANDE DO NORTE, 2015.

[306] BRASIL. **Emenda constitucional n.º 65**. Brasília, DF: Senado, 2010.

[307] GISI, M. L.; PEGORINI, D. G. As políticas de acesso e permanência na educação superior: a busca da igualdade de resultados. **Revista Eletrônica de Política e Gestão Educacional**, Araraquara, n. 20, p. 21-37, 2016.

É também no Plano Nacional de Educação (PNE) aprovado no ano de 2014 que se contempla a necessidade de ampliação do acesso com a meta da elevação da taxa bruta de matrícula na educação superior para 50%, e a taxa líquida para 33% da população de 18 a 24 anos, assegurada a qualidade de oferta e expansão para, pelo menos, 40% no segmento público[308].

Esses programas têm como pretensão ampliar o acesso à educação superior, e tem-se observado nos dados divulgados no Censo da Educação Superior uma crescente ampliação, no entanto, ao analisarmos essa ampliação em municípios de pequeno porte, como Jaraguá do Sul, pouco têm contribuído para melhorar as taxas dos jovens na educação superior.

O maior problema para o acesso à educação superior se encontra nas condições econômicas dos estudantes; muitos não conseguem nem mesmo terminar o ensino médio e, quando conseguem, na maioria das vezes somente têm acesso a instituições privadas, pois, do total de 2.537 instituições de educação superior no país, 88,2% são privadas.

No estado de Santa Catarina, o governo oferece bolsas de estudo para estudantes da educação superior por meio do Programa Uniedu, o qual dá efetividade ao Art. 170 da Constituição estadual[309]. Conforme Azevedo, no que se refere às políticas educacionais, considera "necessário levar em conta os processos que conduzem à definição de uma política no quadro mais amplo em que as políticas públicas são elaboradas. [...] como projeto ou modelo educativo que se tenta pôr em ação"[310], como se observa no programa de acesso ao ensino superior Uniedu:

> O UNIEDU é um programa do Estado de Santa Catarina, executado pela Secretaria da Educação, que agrega todos os programas de atendimento aos estudantes da educação superior, fundamentados pelos Artigos 170 e 171 da Constituição Estadual e pela lei do Fundo Social. As bolsas do UNIEDU favorecem a inclusão de jovens no ensino superior com dificuldades de realizar os seus estudos, e que atendem aos requisitos estabelecidos na regulamentação dos programas, com bolsas de estudo e de pesquisa e extensão, integrais e parciais, para estudantes matriculados em cursos

---

[308] BRASIL. Lei n.º 13.005, de 25 de junho de 2014. Dispõe sobre o plano nacional de educação. **Diário Oficial da União**: seção 1, Brasília, DF, n. 120-a, 26 jun. 2014.

[309] SANTA CATARINA. **Constituição do Estado de Santa Catarina**. Florianópolis: Assembleia Legislativa, 1989.

[310] AZEVEDO, J. M. L. **A educação como política pública**. 2. ed. ampl. Campinas: Autores Associados, 2001. p. 59.

de graduação e pós-graduação presenciais, nas instituições de ensino superior habilitadas pelo MEC ou pelo Conselho Estadual de Educação e cadastradas na Secretaria de Estado da Educação de Santa Catarina para participarem do Programa UNIEDU.[311]

Assim, o objetivo do Uniedu no estado catarinense é a inclusão dos jovens que têm dificuldades de efetivar seus estudos na formação acadêmica num curso de graduação do ensino superior.

É importante destacar ainda que, desde o ano de 2023, há discussões no estado para implementação de um novo programa governamental, o qual foi batizado de "Universidade Gratuita". Referido programa busca subsidiar vagas em instituições de ensino superior privadas, especialmente as universidades comunitárias vinculadas ao Sistema da Associação Catarinense das Fundações Educacionais (Sistema Acafe).

Destaca-se, por oportuno, que a referida lei teve sua constitucionalidade questionada e ainda gera intensos debates sobre os reais benefícios para o acesso à educação superior dos estudantes catarinenses.

## O acesso à educação superior em Jaraguá do Sul

A colonização do município remonta ao ano de 1851. Por volta de 1930, foi constituído um movimento pró-emancipação, culminando com o desmembramento do município de Jaraguá do município de Joinville/SC, por meio do Decreto Estadual 565, de 26 de março de 1934; e, no ano de 1943, pelo Decreto 941, o município passa oficialmente a ser denominado Jaraguá do Sul[312].

Atualmente, Jaraguá de do Sul tem uma população de 182.660 habitantes[313], com área territorial em 529,447 km²; e, segundo o Censo de 2010[314], densidade demográfica de 270,28 hab/km² [315]. No ano de 2010, seu Índice de Desenvolvimento Humano (IDH) foi de 0,803 (considerado alto)[316].

---

[311] SANTA CATARINA. **Uniedu**. Florianópolis: SED, 2017.

[312] JARAGUÁ DO SUL. **Síntese da história da cidade**. Jaraguá do Sul: Prefeitura Municipal, 2017.

[313] INSTITUTO BRASILEIRO DE GEOGRAFIA E ESTATÍSTICA (IBGE). **Cidades**. Rio de Janeiro: IBGE, c2020.

[314] O Censo Demográfico de 2010 foi o último censo que realizou a contagem populacional no país. Após esse ano, os dados anuais de população são estimativas realizadas pelo Instituto Brasileiro de Geografia e Estatística.

[315] BRASIL INSTITUTO BRASILEIRO DE GEOGRAFIA E ESTATÍSTICA (IBGE). 2022. **Cidades**. Rio de Janeiro: IBGE, 2024.

[316] PROGRAMA DAS NAÇÕES UNIDAS PARA O DESENVOLVIMENTO (PNUD); INSTITUTO DE PESQUISA ECONÔMICA APLICADA (IPEA); FUNDAÇÃO JOÃO PINHEIRO (FJP). **Atlas do Desenvolvimento Humano no Brasil**. [*S. l.*]: Pnud; Ipea; FJP, c2019.

De acordo com a Federação Catarinense dos Municípios (Fecam), por meio da Rede Colaborativa do Sistema de Indicadores de Desenvolvimento Municipal Sustentável (Rede Sidems), o município tem o Índice de Desenvolvimento Municipal Sustentável (IDMS) de 0,761, um dos mais elevados do estado — a média estadual é 0,305[317]. O referido índice é uma ferramenta utilizada pela Fecam para avaliar o desenvolvimento dos municípios de Santa Catarina em diferentes fatores que refletem diretamente na qualidade de vida dos cidadãos.

No ano de 2017, a Fecam comparou os dados com os das medições anteriores, e obteve os seguintes resultados em relação ao município de Jaraguá do Sul:

Gráfico 6.1 – IDMS

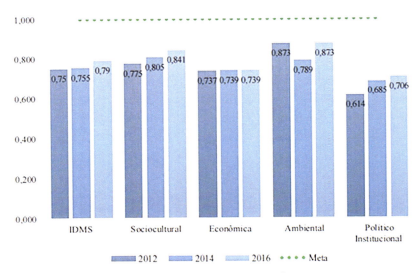

Fonte: SIDEMS - Elaboração: Rede SIDEMS (FECAM, 2020)

Um dos indicadores que compõem o IDMS é a dimensão sociocultural (em que município apresentou a segunda maior evolução em 2016, atrás apenas da dimensão ambiental, se comparado com os dados de

---

[317] FEDERAÇÃO CATARINENSE DE MUNICÍPIOS (FECAM). Rede Colaborativa do Sistema de Indicadores de Desenvolvimento Municipal Sustentável. Florianópolis: Fecam, c2020.

2014). Dentro dessa dimensão, está inserida a subdimensão educação, e neste critério Jaraguá do Sul apresenta média de 0,876 (sendo o índice máximo e desejável 1,0).

Gráfico 6.2 — IDMS: subdimensão educação

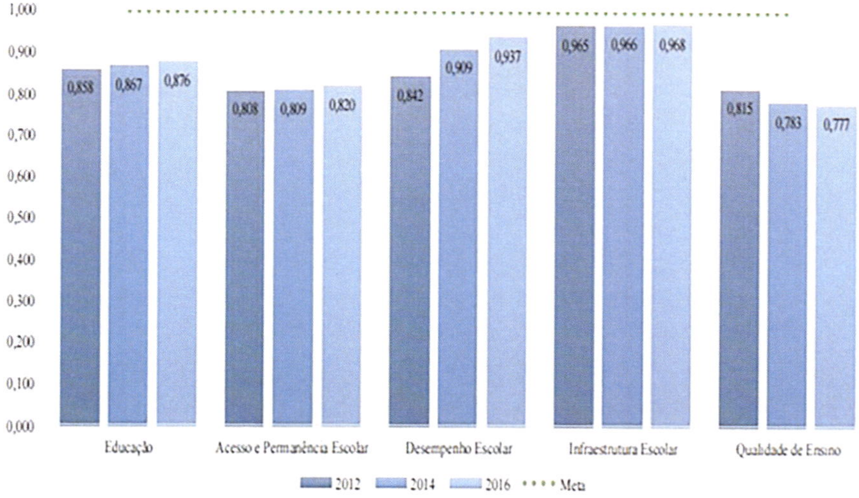

Fonte: SIDEMS - Elaboração: Rede SIDEMS (FECAM, 2020)

Apesar do bom índice de desenvolvimento da educação básica, importante perceber que os dados relativos ao ensino médio são os mais deficitários, o que pode revelar que, quando os jaraguaenses atingem a faixa etária da juventude, apresentam mais dificuldades de se manter estudando.

Para cursar a educação superior em Jaraguá do Sul, os jovens contam com somente duas instituições públicas: o Instituto Federal de Santa Catarina e o Instituto Federal Geraldo Werninghaus. Assim, alguns jovens procuram cursos de graduação em outros municípios, seja em razão de ausência de cursos no município, seja visando buscar cursos mais acessíveis financeiramente.

Existe ainda a possibilidade de acesso à educação superior por meio de programas federais e um programa estadual de concessão de bolsas de estudo. Em relação ao Sistema de Seleção Unificada (Sisu), são disponibilizadas 80 vagas para o primeiro semestre e 100 vagas para o segundo semestre, programa que utiliza a nota do Exame Nacional do Ensino Médio (Enem) como instrumento de seleção dos candidatos[318]. Percebe-se que, atualmente, as vagas ofertadas pelo Sisu em Jaraguá do Sul se limitam a cursos nas áreas de ciências exatas e tecnologia, áreas das duas únicas instituições públicas de educação superior no município, os institutos federais. Outras áreas do conhecimento não são acessíveis ao público de Jaraguá do Sul por meio do Sisu, para oferta no mesmo município. Assim, caso os jovens jaraguaenses desejem procurar outros cursos, devem fazê-lo em outros municípios ou em instituição privada de ensino.

Para o acesso à educação superior, existem ainda as bolsas do Prouni, mas que são insuficientes, considerando que, no primeiro semestre de 2017, foram disponibilizadas em Jaraguá do Sul somente 84 bolsas, sendo 50 bolsas integrais e 34 parciais. Ao se considerar o estado de Santa Catarina como um todo, verifica-se que Jaraguá do Sul tem 0,59% do total de bolsas, mas a população do município representa 2,42% dos habitantes do estado, o que evidencia que o número de bolsas do Prouni é baixo para o porte do município.

Jaraguá do Sul também oferta vagas na educação superior, por meio do programa Universidade Aberta (UAB), programa gerido pela Coordenação de Aperfeiçoamento de Pessoal de Nível Superior (Capes). Nesse programa, são ofertados cursos de graduação a distância em localidades que não dispõem desses cursos em funcionamento oferecidos por instituições públicas. Nos últimos anos, foram fornecidas vagas em cursos da Universidade Federal de Santa Catarina e da Universidade do Estado de Santa Catarina.

O Uniedu é um programa do Governo do Estado de Santa Catarina que é acessível aos jovens do município. No primeiro semestre de 2017, foram ofertadas 12.988 bolsas em todo o estado, 196 delas disponibilizadas para acadêmicos de instituições do município[319].

As cotas étnicas e para alunos de escola pública cumprem os patamares previstos em lei para acesso às vagas dos dois *campi* do Instituto Federal de Santa Catarina, além das vagas ofertadas pelo programa Universidade Aberta. Ademais, há reserva de vagas para alunos cotistas no Prouni, mas em quantidade escassa[320].

---

[318] *Cf.* Plataforma Vestibulando Web, disponível em: https://www.vestibulandoweb.com.br/sisu/ifsc-oferta-1-472-vagas-no-sisu-2024/#google_vignette. Acesso em: 20 maio 2024.

[319] SANTA CATARINA, 2017.

[320] BRASIL. Lei n.º 12.711, de 29 de agosto de 2012. Dispõe sobre o ingresso nas universidades federais e nas instituições federais de ensino técnico de nível médio e dá outras providências. **Diário Oficial da União**: seção 1, Brasília, DF, n. 169, 30 ago. 2012a.

Pela Lei Municipal 4.129, de 22 de dezembro de 2005, foi criado o Conselho Municipal da Juventude como espaço para formulação e propostas de diretrizes da ação do governo municipal voltadas à promoção de políticas públicas de juventude de Jaraguá do Sul. Esse CMJ tem natureza deliberativa e fiscalizadora das políticas públicas de juventude no município, sendo composto por dois terços de integrantes da sociedade civil e um terço de representantes do governo.

No intuito de conhecer como os conselheiros percebem o acesso dos jovens à educação superior, durante os meses de abril a junho de 2017, foram realizadas entrevistas com sete conselheiros e um gestor. Foi possível constatar que o acesso ainda está muito aquém do necessário, na percepção desses conselheiros. Existe até dificuldade para que os jovens tenham conhecimento das políticas de acesso do governo; aliás, os próprios conselheiros as desconhecem, pois, quando questionados sobre tais programas, revelaram não conhecer as políticas públicas de acesso educação superior vigentes no cenário brasileiro, a maioria dos conselheiros citou apenas a bolsa do Uniedu, oferecida pelo Estado de Santa Catarina — poucos referenciaram outras políticas de acesso à educação superior.

Constatou-se, assim, que, no contexto de Jaraguá do Sul, poucas são as opções de educação superior público para os jovens, considerando a existência de apenas dois *campi* do Instituto Federal de Santa Catarina e um processo inicial de implantação da Universidade Aberta, além das dificuldades de acesso até mesmo às informações sobre a oferta de programas governamentais.

**Considerações finais**

Compreender as políticas públicas, os movimentos sociais de juventude e os documentos legais que garantem direitos fundamentais aos jovens é fundamental para entender como se encontra o direito de acesso à educação superior.

O estudo deixa evidente que, embora tenham ocorrido conquistas no plano legal, pouco se alcançou em termos de acesso à educação superior no município objeto de estudo. Essa realidade tem relação com a pouca oferta de vagas e também com as dificuldades econômicas das famílias que levam o jovem prematuramente ao mercado de trabalho, não possibilitando o seu deslocamento e a continuidade dos estudos. Além de programas governamentais de ampliação do acesso à educação superior, que no caso do município são insuficientes, faz-se necessário políticas sociais que viabilizem aos jovens concluir o ensino médio. A realidade de acesso aos jovens a educação superior reflete a realidade brasileira, em que se evidencia dificuldade de acesso para aqueles jovens oriundos de famílias de baixa renda.

A participação dos jovens nas instâncias de representação de escolas e universidades e em movimentos sociais de juventude para reivindicar políticas públicas é uma medida importante, mas também se faz necessário que tais políticas façam parte de um movimento maior em favor da garantia de direitos sociais a toda população.

É preciso propiciar condições para o desenvolvimento do exercício da cidadania do jovem no Brasil, especialmente com base no Estatuto da Juventude, para que os jovens caminhem com autonomia e criticidade nos espaços de formação social e cultural. Além do respeito à cultura e às especificidades de cada jovem de maneira a possibilitar a sua participação nos diferentes espaços sociais, em especial quando se trata da educação, uma importante ferramenta de promoção social.

## Referências

AZEVEDO, J. M. L. **A educação como política pública**. 2. ed. ampl. Campinas: Autores Associados, 2001.

BRASIL. [Constituição (1988)]. **Constituição da República Federativa do Brasil.** Brasília: Senado Federal, 1988. Disponível em: http://www.planalto.gov.br/ccivil_03/constituicao/constituicao.htm. Acesso em: 7 fev. 2020.

BRASIL. Câmara dos Deputados. **Projeto de Lei n.º 4.529-C de 2004.** (Da Comissão Especial destinada a acompanhar e estudar propostas de Políticas Públicas para a Juventude). [Brasília, DF: Câmara dos Deputados, 2004].

BRASIL. Decreto 7.234, de 19 de julho de 2016. Dispõe sobre o Programa Nacional de Assistência Estudantil – PNAES. **Diário Oficial da União**: seção 1, Brasília, DF, n. 137, p. 5, 20 jul. 2016.

BRASIL. **Emenda constitucional n.º 65**. Brasília, DF: Senado, 2010.

BRASIL. **Lei n.º 8.069, de 13 de julho de 1990**. Dispõe sobre o estatuto da criança e do adolescente e dá outras providências. Brasília, DF: Presidência da República, 1990. Disponível em: http://www.planalto.gov.br/ccivil_03/leis/l8069.htm. Acesso em: 5 fev. 2024.

BRASIL. Lei n.º *10.260, de 12 de julho de 2001*. Dispõe sobre o fundo de financiamento ao estudante do ensino superior e dá outras providências. **Diário Oficial da União**: seção 1, Brasília, DF, n. 134, p. 2, 13 jul. 2001.

BRASIL. Lei n.º *11.096, de 13 de janeiro de 2005*. Institui o Programa Universidade para Todos – PROUNI. **Diário Oficial da União**: seção 1, Brasília, DF, n. 10, p. 11, 14 jan. 2005.

BRASIL. Lei n.º *12.711, de 29 de agosto de 2012*. Dispõe sobre o ingresso nas universidades federais e nas instituições federais de ensino técnico de nível médio e dá outras providências. **Diário Oficial da União**: seção 1, Brasília, DF, n. 169, 30 ago. 2012a.

BRASIL. **Lei n.º *12.852, de 5 de agosto de 2013***. Institui o Estatuto da Juventude e dispõe sobre os direitos dos jovens, os princípios e diretrizes das políticas públicas de juventude e o sistema nacional de juventude - SINAJUVE. Brasília, DF: Presidência da República, 2013. Disponível em: http://www.planalto.gov.br/ccivil_03/_ato2011-2014/2013/lei/l12852.htm. Acesso em: 20 fev. 2024.

BRASIL. Lei n.º *13.005, de 25 de junho de 2014*. Dispõe sobre o plano nacional de educação. **Diário Oficial da União**: seção 1, Brasília, DF, n. 120-a, 26 jun. 2014.

BRASIL. Ministério da Educação. Secretaria de Ensino Superior. **A democratização e expansão da educação superior no país**: 2003 – 2014. (Balanço social 2003 2014) Brasília, DF: MEC/SES, [2014].

BRASIL. Secretaria Nacional da Juventude. **Pra 2012 nascer feliz**: desafios da 2ª Conferência de Juventude. Brasília, DF: Secretaria Nacional da Juventude, 2012b.

CORREIA JUNIOR, C. O. F. **O estatuto da juventude**: um estudo sobre os limites e possibilidades da nova lei para as políticas públicas de juventude. 2013. Trabalho de Conclusão de Curso (Bacharelado em Serviço Social) – UFF, Rio das Ostras, 2013.

CUSTÓDIO, A. V. Direitos de juventude no Brasil contemporâneo: perspectivas para afirmação histórica de novos direitos fundamentais e políticas públicas. *In*: WOLKMER, A. C.; VIEIRA, R. S. **Estado, política e direito**: relações de poder e políticas públicas. Criciúma: Ed. Unesc, 2008. p. 197-218.

FEDERAÇÃO CATARINENSE DE MUNICÍPIOS (FECAM). **Rede Colaborativa do Sistema de Indicadores de Desenvolvimento Municipal Sustentável**. Florianópolis: Fecam, c2020.

GISI, M. L.; PEGORINI, D. G. As políticas de acesso e permanência na educação superior: a busca da igualdade de resultados. **Revista Eletrônica de Política e Gestão Educacional**, Araraquara, n. 20, p. 21-37, 2016.

INSTITUTO BRASILEIRO DE GEOGRAFIA E ESTATÍSTICA (IBGE). **Cidades**. Rio de Janeiro: IBGE, c2020.

INSTITUTO NACIONAL DE ESTUDOS E PESQUISAS EDUCACIONAIS ANÍSIO TEIXEIRA (INEP). **Censo da educação superior 2022**. Brasília: Inep, [2024].

JARAGUÁ DO SUL. **Síntese da história da cidade**. Jaraguá do Sul: Prefeitura Municipal, 2017.

MACEDO, S. C. Juventude brasileira em clima de novas perspectivas. *In*: PAPA, F. C.; FREITAS, M. V. (org.). **Juventude em pauta**: políticas públicas no Brasil. São Paulo: Peirópolis, 2012. p. 220-226.

MAIO, I. P.; SILVA, C. F. Políticas de juventudes no Brasil: prioridades e investimentos do governo federal de 2012-2020. **Revista de Políticas Públicas**, São Luís, v. 26, n. 2, p. 839-858, 2022.

MOTA, G. L.; TEIXEIRA, R. Cenário das políticas de juventude: atores no amanhecer das oportunidades e dos direitos. *In*: CUSTÓDIO, A. V.; VIEIRA, R. S. **Estado, política e direito**: políticas públicas e direitos sociais. Criciúma: Ed. Unesc, 2011. p. 227-240.

OLIVEIRA, J. F. Acesso à educação superior no Brasil: entre c elitismo e as perspectivas de democratização. *In*: SOUSA, J. V. (org.). **Educação superior**: cenários, impasses e propostas. Campinas: Autores Associados, 2013. p. 273-313.

PEREGRINO, M.; PRATA, J. M. Juventude como mirante dos fenômenos sociais e a reforma do ensino médio: o que se vê quando se olha de um outro lugar? **Revista Brasileira de Educação**, Rio de Janeiro, v. 28, e280052, p. 1-24, 2023.

PROGRAMA DAS NAÇÕES UNIDAS PARA O DESENVOLVIMENTO (PNUD); INSTITUTO DE PESQUISA ECONÔMICA APLICADA (IPEA); FUNDAÇÃO JOÃO PINHEIRO (FJP). **Atlas do Desenvolvimento Humano no Brasil**. [*S. l.*]: Pnud; Ipea; FJP, c2019.

RIO GRANDE DO NORTE. **3ª Conferência Nacional da Juventude** elege 3 prioridades para o país. Natal: Governo Estadual, 2015.

SANTA CATARINA. **Constituição do Estado de Santa Catarina**. Florianópolis: Assembleia Legislativa, 1989.

SANTA CATARINA. **Lei n.º 16.865, de 12 de janeiro de 2016**. Institui o Conselho Estadual da Juventude (CONJUVE-SC) e estabelece outras providências. Florianópolis: Assembleia Legislativa, 2016.

SANTA CATARINA. **Uniedu**. Florianópolis: SED, 2017.

SOUZA, P. I. A. A participação nas políticas públicas de juventude. *In*: PAPA, F. C.; FREITAS, M. V. (org.). **Juventude em pauta**: políticas públicas no Brasil. São Paulo: Peirópolis, 2012. p. 161-186.

# SOBRE OS AUTORES

**Angela Mara Sugamosto Westphal**

Tem doutorado em Educação pela Pontifícia Universidade Católica do Paraná (2019), na linha de História e Políticas da Educação; mestrado em Educação pela Universidade Católica de Brasília (2014), em Política e Administração Educacional, na linha de Avaliação de Políticas Públicas; especialização em Gestão de Negócios pela Universidade Federal do Paraná (UFPR, 2003); e graduação em Nutrição pela UFPR (1991). Atua desde 2008 na Coordenação de Pessoal de Nível Superior (Capes) como analista de Ciência e Tecnologia. Atualmente, trabalha na Diretoria de Relações Internacionais. A experiência na Capes inclui a Diretoria de Programas e Bolsas (DPB), trabalhando em programas de inovação e parcerias com o setor produtivo. Trabalhou na coordenação-geral de periódico da DPB/Capes, elaborando pareceres e acordos que abrangem produção científica e acesso aberto.

Orcid: 0000-0003-1990-1100

**Carlos Felipe Fischer**

Tem mestrado em Educação pela PUCPR; especialização em Direito Civil e Processo Civil pela Universidade Católica de Santa Catarina; especialização em Gestão Pública pela UniCesumar; graduação em Direito pela Universidade Católica de Santa Catarina; e graduação em Administração Pública pela Universidade Federal de Santa Catarina. Atualmente, é técnico judiciário no Tribunal de Justiça de Santa Catarina.

Orcid: 0009-0005-9117-3736

**Diva Spezia Ranghetti**

Tem doutorado em Educação (Currículo, 2005) pela Pontifícia Universidade Católica de São Paulo (PUCSP); mestrado (1999) pela PUCSP; e graduação em Pedagogia pela Associação Catarinense de Ensino (1986). Atualmente, é professora titular do Centro Universitário Católica de Santa Catarina Jaraguá do Sul. Tem experiência na área de educação, com ênfase em currículos e formação de professores. Atua principalmente nos seguintes temas: currículo, interdisciplinaridade, formação de professores e identidade profissional. Compõe o banco de avaliadores do Inep/MEC.

Orcid: 0000-0002-5269-4791

### Erika Ferreira Floriano

Tem doutorado em Educação pela PUCPR (2022); é graduada em Ciências Sociais pela PUCPR (2015); mestrado em Direitos Humanos e Políticas Públicas pela PUCPR (2017); especialização em Ensino da Matemática (2020), em Neuropsicologia Educacional (2019) e em Psicopedagogia (2019) pela Universidade Positivo. Formada no Magistério pelo Colégio Sagrado Coração de Jesus (2011). Professora desde 2012, com experiência em educação infantil, ensino fundamental I, ensino médio e formação de professores em redes de ensino particulares e no setor público. Atualmente, é gestora da *Revista Veredas* no Departamento de Desenvolvimento Profissional da Secretaria Municipal de Educação de Curitiba.

Orcid: 0000-0002-4367-4473

### Flávia Rubia Franziner

Tem mestrado em Educação pela Pontifícia Universidade Católica do Paraná (2017); especialização em Direito Processual e Empresarial (2010); e graduação em Direito com habilitação em Direito do Estado e Direito Empresarial e das Relações Sociais pelo Centro Universitário de Jaraguá do Sul (2005). Professora da educação superior em disciplinas como: Gestão Educacional e Noções de Direito. Experiência na área do direito, com ênfase em direito educacional e direito do consumidor; e na área da educação superior, com ênfase em processos de regulação e gestão na educação superior.

Orcid: 0009-0000-0901-6365

### Helena Cristina Carneiro Cavalcanti De Albuquerque

Tem pós-doutorado em Políticas e Programas que Incentivam Parcerias entre Universidades e Indústrias, realizado no Canadá em 2018; doutorado e mestrado em Ciências Animais pela Universidade de Brasília (UnB, 2012); e graduação em Medicina Veterinária pela UnB (2005). Atua desde outubro de 2022 como coordenadora-geral de Programas de Cooperação Internacional na Capes, posição também já ocupada entre 2016 e 2018. Entre 2021 e 2022, esteve como coordenadora-geral de Avaliação de Cursos de Graduação e Instituições de Ensino Superior no Inep. A experiência na Capes inclui a Diretoria de Programas e Bolsas, trabalhando em programas de inovação e parcerias com o setor produtivo. Além disso, desempenhou atividades como coordenadora de Negociação de programas de cooperação internacional com a América Latina, Caribe e África; e assistente da Coordenação-Geral de Monitoramento e Acompanhamento de Resultados. Desde 2008 é analista em Ciência e Tecnologia Capes.

Orcid: 0009-0007-7007-7600

**Juliana Gisi Martins de Almeida**

Tem doutorado em Artes Visuais, linha de História, Teoria e Crítica de Arte, pela Universidade Federal do Rio Grande do Sul; mestrado em Educação pela Pontifícia Universidade Católica do Paraná (2004); especialização em História da Arte do Século XX pela Escola de Música e Belas-Artes do Paraná (Embap, 2002); e graduação em Pintura pela Embap (2000). Atualmente, é professora adjunta da Universidade Federal do Paraná. Tem experiência na área de artes, com ênfase em artes visuais, fotografia e educação, atuando principalmente nos seguintes temas: arte, fotografia, educação, formação de professores.

Orcid: 0000-0001-8396-8188

**Leandro Aparecido do Prado**

Pós-doutorado em Políticas Educacionais da PUCPR. Tem doutorado em Educação pela PUCPR (2022); mestrado em Educação e Novas Tecnologias pela Uninter (2018); especialização em Educação Especial Inclusiva; Psicomotricidade e o Processo de Ensino Aprendizagem; Educação a Distância: Gestão e Tutoria pela Uniasselvi (2023); especialização em Docência do Ensino Superior pela UniCesumar (2016); e gradução em Pedagogia e Administração pela UniCesumar. Pesquisador do Projeto Políticas Educacionais: Concepções e Práticas; e pedagogo no Programa Jovem Aprendiz do Senac/PR.

Orcid: 0000-0002-6358-845X

**Marcia R. B. Godinho Lois**

É doutoranda em Educação pela UFPR. Tem mestrado em Educação pela UFPR (2015); especialização em Arteterapia (Faveni/2020), em Educação Infantil e Anos Iniciais (Facinter, 2010), em Educação Inclusiva (UFPR/2005) e em Metodologia do Ensino da Arte (FAP/IBPEX/2002); e graduação em Letras – Português (Uninter/2020) e em Educação Artística – Habilitação em Artes Cênicas (FAP/2001). É autora do livro *Linguagem dramática na educação infantil: vozes docentes* (Viseu, 2022). Atualmente, é professora efetiva da Prefeitura do Município de Araucária/PR, atuando principalmente nos seguintes temas: educação infantil, educação inclusiva e arte-educação.

Orcid: 0009-0006-7390-6892

**Maria Isabel Buccio**

Tem doutorado em Educação pela Pontifícia Universidade Católica do Paraná, linha de História e Políticas da Educação; pós-graduação em Educação Especial e em Deficiência Mental; e graduação em Pedagogia pela PUCPR (1991). Participou da *Asamblea Mundial Inclusión Internacional "Diversidad e Integración, un Asunto de Derechos Humanos"* no Chile. Trabalhou como pedagoga em escolas públicas, e desde 1994 na área de educação especial. Atualmente, integra a Secretaria de Educação do Município de Araucária/PR e é professora de cursos de pós-graduação na área de educação.

Orcid: 0009-0007-3520-0052

**Maria Lourdes Gisi**

Tem pós-doutorado em Educação pela Universidade de Genebra; doutorado em Educação Brasileira pela Universidade Estadual Paulista Júlio de Mesquita Filho (Marília); mestrado em Educação pela Universidade Federal do Paraná (UFPR); especialização em Metodologia do Ensino Superior pela UFPR; e graduação em Enfermagem pela Faculdade de Enfermagem São José de São Paulo. Foi coordenadora do curso de Enfermagem da UFPR; coordenadora-geral dos Estágios da UFPR; representante do Setor de Saúde no Conselho de Ensino e Pesquisa da UFPR, hoje professora aposentada da UFPR. Foi decana da Escola de Educação e Humanidades da Pontifícia Universidade Católica do Paraná (PUCPR) no período de 2003 a 2013; bolsista Produtividade da Fundação Araucária/PR, de 2015 a 2017. Atualmente, é professora titular do Programa de Pós-Graduação em Educação da PUCPR e membro do conselho editorial da *Revista Diálogo Educacional*. Coordena o Grupo de Pesquisa Políticas Educacionais: Concepções e Práticas.

Orcid: 0000-0002-0474-474X

**Rosângela Boeno**

Doutora em Educação pela Pontifícia Universidade Católica do Paraná - PUCPR. Possui mestrado em Educação pela PUCPR, especialização em Pedagogia Escolar - ênfase em Administração, Supervisão e Orientação Educacional; Neuropsicologia; Docência no Ensino Superior. Possui graduação em Pedagogia pela Universidade Estadual do Oeste do Paraná (2000). Atualmente é professora adjunta do magistério superior da Universidade Tecnológica Federal do Paraná - campus dois vizinhos. Exerceu a função de Assessora de Avaliação Institucional do Campus de 2019 a 2022.Tem experiência na área de Educação, atuando principalmente com os seguintes temas: inclusão de alunos com necessidades educacionais especiais e formação para pais e professores.

Orcid: 0000-0003-0779-5945